Aprendendo com o sucesso

GERHARD GSCHWANDTNER

Aprendendo com o sucesso

SEXTANTE

tradução
Eduardo Lasserre

preparo de originais
Ellen Kerscher e Sheila Til

revisão
Elizabeth Rocha e Giuliana Alonso

projeto gráfico e diagramação
Abreu's System

capa
Miriam Lerner

impressão e acabamento
Yangraf Gráfica e Editora Ltda.

CIP-Brasil. Catalogação na fonte.
Sindicato Nacional dos Editores de Livros, RJ.

G943a Gschwandtner, Gerhard
Aprendendo com o sucesso / Gerhard Gschwandtner [tradução de Eduardo Lasserre]. Rio de Janeiro: Sextante, 2010.

Tradução de: The pocket guide to selling greatness
ISBN 978-85-7542-596-1

1. Venda – Aspectos psicológicos. 2. Sucesso nos negócios – Aspectos psicológicos. I. Título.

10-3755 CDD: 658.85
CDU: 658.85

GMT Editores Ltda.
Rua Voluntários da Pátria, 45/1.404 – Botafogo
22270-000 – Rio de Janeiro – RJ
Tel.: (21) 2538-4100 – Fax: (21) 2286-9244
E-mail: atendimento@esextante.com.br
www.sextante.com.br

SUMÁRIO

CRESCIMENTO PESSOAL

APRENDENDO COM O SUCESSO DOS OUTROS

Em cada número da revista *Selling Power* apresentamos uma história de sucesso. Costumo me preparar exaustivamente para cada entrevista, por isso, ao me encontrar com o entrevistado, praticamente consigo prever as respostas que ele dará. Assim, quando recebo uma resposta "conhecida", não preciso me prender a uma sequência de informações antigas (a que já tive acesso em reportagens, autobiografias ou livros) e fico livre para ir atrás da verdadeira história. Para mim, essas entrevistas são incrivelmente gratificantes e uma inestimável fonte de aprendizado.

Em todas essas conversas, busco dois elementos essenciais: as etapas pelas quais o entrevistado passou e a filosofia que seguiu para chegar ao sucesso. Depois de entrevistar personalidades como Larry King, Dr. Norman Vincent Peale, Mary Kay Ash, Denis Waitley e Bill Marriot, percebi que o caminho até o sucesso é universal e pode ser percorrido por qualquer pessoa, mas a filosofia que motiva grandes feitos tem uma única fonte: o íntimo de cada um.

Se fosse preciso resumir em uma frase tudo o que aprendi após centenas de entrevistas, eu diria: "Quem não consegue definir conscientemente uma filosofia para o sucesso acaba inconscientemente criando uma filosofia para o fracasso." Pense nisso.

A verdade por trás dessa frase é realmente simples: quando não temos uma filosofia de vida, nos deixamos guiar pela fantasia. Seguir um pensamento leva ao sucesso real, ao passo que se perder em fantasias só gera ilusões.

Mas qual é, então, o segredo para definir sua própria filosofia para o sucesso? Simples: para que o sucesso tenha sentido para você, é preciso conhecer bem a si mesmo.

O que o impede de descobrir o significado do sucesso e de perceber sua importância é a falta de autoconhecimento.

Diversos "especialistas em sucesso" alegam que é possível chegar lá simplesmente reproduzindo o que grandes empreendedores entendem por "sucesso". A meu ver, isso é uma avaliação imprudente. Imitação é também limitação. São enormes as chances de que você se decepcione se tentar ser bem-sucedido baseando-se nas definições de terceiros. Quem imita tem em mente apenas o produto final, agarra-se a imagens – de iates e carros importados, por exemplo –, ignorando a diferença primordial entre os frutos e as raízes do sucesso. Pessoas assim enxergam o fim, mas não o começo.

Concentre-se em fortalecer as raízes do seu próprio sucesso. Dê o primeiro passo e defina a filosofia que o guiará; assim será possível focar seus esforços. Depois, trilhe o caminho percorrido pelos que se saíram bem.

E lembre-se: a mesma energia que leva ao fracasso pode conduzir à vitória.

O que o impede de descobrir o significado do sucesso e de perceber sua importância é a falta de autoconhecimento.

ESTABELECENDO OBJETIVOS

Esforço e coragem não são suficientes sem propósito e direção.

– JOHN F. KENNEDY

Pare um pouco para refletir sobre sua atitude em relação a traçar objetivos.

Mary Kay Ash, fundadora da empresa de cosméticos Mary Kay, observou certa vez que a maioria das pessoas passa mais tempo organizando as férias do que as próprias vidas. Seguindo essa linha de raciocínio, é possível ir um pouco além e dizer: "A maioria das pessoas só sabe para onde vai quando sai de férias."

Acredito que estabelecer metas é o processo mais importante na orientação do sucesso pessoal e profissional. Quem não planeja o futuro agora está fadado a repetir as atitudes do passado – com um pouco menos de entusiasmo e menores chances de chegar aonde realmente quer.

Para ter sucesso na vida, é imprescindível estabelecer dois tipos de objetivos: de curto e de longo prazo.

Os de curto prazo são uma ferramenta para a administração de tarefas, ao passo que os de longo prazo dão sentido às escolhas feitas. Há uma relação intrínseca entre os dois: quanto mais importantes você considerar os objetivos de longo prazo, mais se dedicará a atingir os de curto prazo.

Assim, se sua dedicação a um objetivo for apenas uma escolha racional, você desistirá no primeiro obstáculo. Mas se seu comprometimento vier do coração, não haverá barreira capaz de detê-lo.

Lembre-se de que seus objetivos devem servir a você e ampliar seus horizontes. Faça agora uma lista de suas metas pessoais e profissionais. Depois, pelo menos uma vez por semana, releia e atualize essa relação.

Jamais considere seus objetivos o destino final, mas um mapa do caminho a ser percorrido, porque, no fim das contas, o sucesso é uma jornada.

Jamais considere seus objetivos o destino final, mas um mapa do caminho a ser percorrido, porque, no fim das contas, o sucesso é uma jornada.

O QUE FAZ VOCÊ FELIZ?

A felicidade não é um destino. É um modo de vida.
– BURTON HILLS

Fazer o cliente feliz é um excelente objetivo, mas quem faz *você* feliz?

Uma das principais metas da maioria das empresas é fazer com que mais clientes fiquem felizes. A lógica desse pensamento é irrefutável: clientes satisfeitos fecham mais negócios conosco, nos recomendam e, como resultado, nosso desempenho melhora.

Platão já dizia que "Quem faz o bem deve necessariamente ser feliz". Isso levanta duas questões: você está fazendo o bem? Está feliz? Se você respondeu afirmativamente às duas perguntas, pode pular este capítulo. Mas se acha que está fazendo o que é correto e, ainda assim, sente que lhe falta felicidade, então temos dois problemas: como você conseguirá deixar os outros felizes, estando infeliz, e o que você pode fazer para ser mais feliz?

Antes de prosseguirmos, vamos definir o que chamamos de "felicidade". Um dos problemas nessa tarefa se deve a nossa percepção do mundo ser variável. Quando estamos perfeitamente saudáveis, não nos importamos muito em cuidar da saúde. O mesmo acontece com a felicidade. Quando estamos completamente felizes, nada nos falta, e ignoramos a possibilidade de que um dia possa haver tristezas. Só quando nos sentimos infelizes tomamos consciência das duas sensações – a infelicidade e o anseio por sermos felizes.

Muitos associam felicidade a prazer. O prazer certamente pode aliviar momentos infelizes, mas a felicidade tem um significado mais profundo. Sempre que nos dedicamos a um trabalho de que realmente gostamos, por exemplo, perdemos a noção do tempo e nos sentimos repletos de energia.

O que podemos fazer para sermos mais felizes? Algumas pessoas se dedicam mais a tentar convencer os outros de que são felizes do que a realmente buscar a felicidade. Iludem-se acreditando que sempre nos transformamos naquilo em que pensamos. Esquecem que ser feliz não depende só da vontade, mas também da capacidade de agir.

Muita gente infeliz acredita que o segredo da felicidade é fugir dos próprios problemas. A pressão de manter o emprego, as exigências da família e as incertezas inerentes à criação de filhos numa sociedade invadida por drogas, crime, desemprego e políticos inescrupulosos podem desanimar até mesmo a mais alegre das pessoas.

Mesmo não ignorando que os problemas frequentemente acabam com os momentos felizes, Montaigne formulou a ousada ideia de que a felicidade interior pode existir, não importando quanto os problemas externos sejam graves. Ele escreveu, em 1570: "Quando a cidade de Nola foi arrasada pelos bárbaros, Paulinus, o bispo local, que foi feito prisioneiro e perdeu tudo o que possuía, rezava da seguinte maneira: 'Oh, Senhor, impeça que eu seja sensível a essa perda, pois Vós sabeis que eles ainda não tocaram em nada do que é meu.'"

Montaigne sugeriu que todos nós devemos reservar um espaço sagrado em nossos corações e em nossas mentes, "uma oficina totalmente nossa e inteiramente livre onde possamos encontrar a verdadeira liberdade". É nesse sagrado espaço interior que guardamos os maiores tesouros e nos abrigamos da degradação e da violência. Esse lugar secreto preserva as sementes da felicidade.

E o que mais, além de uma dose saudável de filosofia, pode nos fazer felizes? Um dos recursos comprovados é a arte de ser seu próprio líder. Todos nós podemos aprender com as pessoas de sucesso ao nosso redor, capazes de escolher o próprio caminho quando os outros não conseguem mudar de direção. Enquanto os bem-sucedidos visualizam claramente seus destinos e exercem seu direito de escolha, os fracassados só enxergam as próprias limitações e se sentem mal.

A autoliderança permite que, ao cuidar da nossa própria mente, nossas ações ganhem propósito e nossas dúvidas e inseguranças desapareçam. Ela não requer forças sobre-humanas: tudo o que exige é disciplina e dedicação. Nada nem ninguém além de você mesmo pode impedi-lo de alcançar o sucesso e a felicidade.

Sempre que nos dedicamos a um trabalho de que realmente gostamos, por exemplo, perdemos a noção do tempo e nos sentimos repletos de energia.

FRUSTRAÇÕES – O QUE FAZER COM ELAS?

É preciso se frustrar com as coisas pequenas antes de compreender o valor das grandes.

– EDWARD G. BULWER-LYTTON

Qual foi a sua maior frustração no ano passado? Quais foram as expectativas ou os sonhos que não se realizaram? Imagine mais algumas. Imaginou? Bem, agora você está pronto para calcular a sua relação F/C.

"F/C" representa a relação entre as Frustrações e o Crescimento (lembre-se: as frustrações vêm antes do crescimento). Veja como isso funciona: primeiro você deve fazer uma lista dos 10 maiores aborrecimentos que teve no ano passado. Em seguida, conte quantos deles ficaram sem solução (os que ainda têm um gosto amargo quando você pensa neles). Por último, avalie quais dessas dificuldades fizeram de você uma pessoa mais forte.

Por exemplo, digamos que você ainda se sinta mal em relação àquela grande venda que acabou perdendo (embora estivesse certíssimo de que ia fechar o negócio) e com o fato de ter sido obrigado a demitir um funcionário (a quem você havia dedicado um tempo enorme, sem que ele melhorasse). Vamos supor ainda que tenha conseguido lidar bem com todas as outras frustrações. Sendo assim, sua relação F/C é 2/8. O "2" indica que ainda lhe restam duas oportunidades de "resolver" frustrações. O "8" indica a sua capacidade de crescimento.

Uma vez que você soube administrar oito dos 10 grandes problemas que enfrentou, sua capacidade atual de crescimento é de 80%. Se no próximo trimestre você tiver mais uma frustração não resolvida, sua capacidade de crescimento irá para 70%. Mas que importância isso teria no que diz respeito às suas chances de atingir metas no ano seguinte?

É simples. Cada frustração não resolvida é uma possibilidade de crescimento a menos para você. Por outro lado, seu potencial de crescimento aumenta sempre que você consegue lidar bem com um problema.

"Na evolução de uma carreira, se preocupar com o sucesso pode ser menos importante do que enfrentar frustrações", afirma o Dr. Abraham Zaleznik. Depois de analisar líderes talentosos, ele garante que a maneira como encaramos as dificuldades pode ser responsável, em última instância, pelo nosso sucesso ou fracasso. Isso é motivo mais do que suficiente para usarmos as frustrações como degraus para a ascensão profissional. Encare-as como oportunidades disfarçadas.

Seu potencial de crescimento aumenta sempre que você consegue lidar bem com um problema.

ADMINISTRANDO O PENSAMENTO

Controle sua mente ou ela o controlará.

– HORÁCIO

Em se tratando de vendas, o sucesso é determinado mais pelo que dizemos a nós mesmos do que pelo que falamos ao cliente. A maioria dos pesquisadores admite que o pensamento tem grande poder sobre nossas emoções, decisões e ações.

Muitas pessoas consideram o raciocínio um processo controlável; entretanto, ainda não se sabe muito a respeito de técnicas efetivas de administração do pensamento e, aparentemente, poucos de nós as utilizamos com sucesso. De acordo com o que já foi descoberto, as três ferramentas mais úteis para se administrar o pensamento são a conscientização, a avaliação e a escolha.

A conscientização se dá a partir de perguntas como "O que estou fazendo?" e "Que tipo de pensamento está passando pela minha mente neste exato momento?".

A avaliação acontece ao examinarmos objetivamente o pensamento, perguntando, por exemplo, "Isto é fato ou não passa de especulação?", "Em que eu me baseei para supor isso?" e "Que evidências me fizeram chegar a esta conclusão?".

Fazer uma avaliação objetiva pode ser um bom primeiro passo para construir pensamentos saudáveis depois de uma prospecção que não resultou em venda: "Não foi a mim que o cliente rejeitou. O fato é que agora ele não está precisando de nada, por isso não se interessou pela minha proposta."

Por escolha entende-se usar a criatividade para ampliar o número de alternativas à sua disposição. Tendo opções, você poderá alterar – ou mesmo inverter – a direção do seu fluxo de pensamentos.

Administrar o pensamento não é fácil – mas viver bem e ter sucesso nas vendas também não. O Dr. Norman Vincent Peale, autor do clássico *O poder do pensamento positivo*, também considerava essa tarefa difícil. "Mas pior seria não fazê-la", dizia ele.

A conscientização se dá a partir de perguntas como "Que tipo de pensamento está passando pela minha mente neste exato momento?".

A COMPLEXIDADE ATRAPALHA SEU PROGRESSO?

Não há dúvida de que o melhor prêmio que a vida oferece é a chance de trabalhar muito e se dedicar a algo que valha a pena.

– THEODORE ROOSEVELT

A maioria das grandes equipes de vendas do país emprega verdadeiros exércitos de vendedores. Liderar uma equipe grande num mercado altamente competitivo não é um desafio dos mais fáceis. Para assegurar um crescimento contínuo, as corporações precisam se reestruturar constantemente e aproveitar as oportunidades que surgem para melhorar seu atendimento de forma a satisfazer clientes e acionistas.

O que torna notáveis as empresas de primeira linha é o fato de conseguirem manter a simplicidade. O progresso exige que as complicações sejam eliminadas. A questão-chave é que simplificar é muito menos penoso do que deixar que a complexidade domine os procedimentos.

Tendemos a considerar complexo tudo o que não entendemos de imediato, mas nem sempre isso é válido. A expressão "sobrecarga de informações", por exemplo, sugere um processo de grande complexidade, mas não é exatamente isso o que acontece. Em qualquer negócio, toda operação gera um volume de informações crescente que precisa ser monitorado para que se reconheçam tanto ameaças quanto oportunidades. Não há nada de complexo na análise desses dados; ela apenas demanda tempo e organização. Quando um gerente não consegue reconhecer e analisar a informação disponível e agir rapidamente baseado nela, suas chances de tomar decisões incorretas aumentam.

O problema é que nós mesmos criamos dificuldades. Assim, o desafio é resgatar a simplicidade. O caminho da simplificação frequentemente consiste em ligar quem descobre o problema a quem pode oferecer soluções. Muitas vezes a solução está mais perto do que se imagina.

Outro caminho para a simplificação é compreender que as pessoas orientam seus pensamentos e ações segundo sua própria visão de mundo. Elas nem sempre fazem o que dizem, mas, via de regra, seguem seu ponto de vista. A complexidade numa empresa decorre de haver um excesso de teorias atrapalhando a tomada de ação simples e conclusiva. Quando um executivo acha, por exemplo, que o organograma da empresa é mais importante do que um plano de ação eficiente, as dificuldades sem dúvida aumentam.

Albert Einstein afirmou que nossa visão de mundo é o parâmetro de nossas medidas. Isso explica por que a complexidade diminui nas empresas em que existe uma matriz que todos entendem. Uma matriz eficiente evita o conflito entre pontos de vista.

Grandes líderes têm a habilidade de simplificar o que parece complexo; sua paixão é realizar negócios da maneira menos complicada possível. Eles sabem que a simplicidade é uma escolha, não um fardo.

O desafio é resgatar a simplicidade.

PREVENDO A SITUAÇÃO ECONÔMICA

Para a maioria das empresas, o fim do ano é o momento de consultar a bola de cristal. Gerentes corrigem as previsões de despesas e reajustam as expectativas de vendas otimistas demais. Funcionários do departamento financeiro fazem hora extra. Todos rezam para que tudo saia dentro do planejado para o ano seguinte, às vezes inseguros quanto aos métodos usados para prever os movimentos da economia e traçar seus planos.

É claro que precisamos de uma estratégia geral, de metas e previsões de ganhos. No entanto, todos nós sabemos que o futuro não é só uma sequência do passado. Não existe nenhuma projeção "infalível" baseada em vitórias ou derrotas anteriores.

Em vez de contratar mais consultores e realizar mais pesquisas (ou ler o horóscopo), é preciso aprender a aceitar a incerteza. As previsões de vendas anuais tendem a transbordar confiança. É altamente recomendável parecer seguro em qualquer plano de marketing e vendas; no entanto, esses planos são tão confiáveis quanto forem seus pressupostos fundamentais. Sabemos também que, quando nossas previsões não se realizam, a incerteza ressurge. O sucesso não depende tanto de olharmos para trás ou para a frente, mas de olharmos para dentro.

As mais poderosas forças do sucesso estão dentro de nós. É preciso apenas aprender a utilizá-las.

Aceitar a incerteza, em vez de tentar dominá-la, é um bom começo. Quando a aceitamos, fazemos dela uma aliada; quando a combatemos, acabamos derrotados.

Para atingir seus objetivos para o próximo ano, tenha em mente que, quanto mais adaptado você estiver à sua própria insegurança, melhor enfrentará os desafios que surgirem. Resolvido esse problema, você conseguirá se desapegar das previsões e estará livre para se concentrar nos negócios.

As mais poderosas forças do sucesso estão dentro de nós. É preciso apenas aprender a utilizá-las.

GERANDO ENTUSIASMO

Nenhuma obra grandiosa jamais foi realizada sem entusiasmo.

– RALPH WALDO EMERSON

Atendi recentemente a um telefonema de uma vendedora que já havia me ligado antes. Ela me perguntou como eu estava e respondi da maneira de sempre: "Estou ótimo!" Ela ficou surpresa. "Falo com dezenas de pessoas todos os dias e nunca ouço uma resposta tão entusiástica", comentou ela. Quando contei que conheço muitas pessoas que responderiam de forma semelhante, ela me pediu que indicasse algumas, para que pudesse arranjar um pouco dessa commodity rara chamada entusiasmo. E eu respondi: "Você não acha estranho que as pessoas fiquem procurando entusiasmo quando ele está dentro delas? Todos querem ser contagiados pela alegria alheia, mas ninguém percebe que pode animar a si mesmo."

Indiquei a ela os nomes de três grandes mestres do entusiasmo: Dr. Norman Vincent Peale, Zig Ziglar e Dr. Wayne Dyer. Ela os conhecia, mas nunca havia lido nenhum de seus livros. Este pequeno episódio me fez pensar nas inúmeras entrevistas que realizei com pessoas positivas e em como o entusiasmo delas mudou minha maneira de encarar a vida. Quando fundei a revista *Selling Power*, não tinha certeza de que ela sequer sobreviveria aos primeiros seis meses, até que tomei conhecimento do começo humilde de algumas pessoas incríveis, como Zig Ziglar.

Eu me lembro de ter lido tudo o que já fora escrito sobre ele e relido seus livros antes de telefonar para seu escritório e solicitar uma entrevista.

Lembro também de ter pensado: "Ele nunca vai ter tempo para conversar com um zé-ninguém como eu." Fiquei surpreso quando soube que ele teria muito prazer em me receber. Marcada a entrevista, disse a mim mesmo: "Jamais conseguirei extrair nenhuma informação nova dele, porque não sou um entrevistador experiente." E mais uma vez eu estava errado. O entusiasmo de Zig foi contagiante. Ele respondeu claramente a todas as minhas perguntas e sua atitude positiva me ajudou a eliminar meu próprio pensamento negativo.

A entrevista foi um sucesso e me levou a perceber que eu tinha que corrigir minha tendência a ter pensamentos negativos. Confrontei meu lado pessimista e, aos poucos, deixei vir à tona meu lado mais otimista. O entusiasmo de pessoas como Zig, Mary Lou Retton, Dr. Wayne Dyer, Lou Holtz, Spencer Johnson, Tom Hopkins, Mary Kay, Roger Staubach, o general Norman Schwarzkopf e muitas outras contribuiu muito para o sucesso da *Selling Power* e a maneira como me sinto perante a vida: "Ótimo!"

Talvez você pense que o fato de eu ser editor me ponha em uma posição privilegiada, permitindo manter contato com pessoas bem-sucedidas. No entanto, acredito sinceramente que você não precisa conhecê-las pessoalmente para transformá-las em fonte de inspiração para sua vida. Não é preciso estar com elas para captar sua maneira de pensar, entender suas ideias, aprender seus princípios e se beneficiar de suas percepções. Tudo o que você precisa fazer é ler os livros que escreveram, acompanhar suas palestras ou buscar artigos escritos por elas ou sobre elas. Então você irá perceber – como eu percebi – que, mudando seus heróis, é possível mudar o rumo de sua vida.

CRESCIMENTO INTELECTUAL – A ANALOGIA DO JARDIM

As ideias são as raízes da criação.

– EARNEST DIMNET

Você gostaria de comer legumes fresquinhos cultivados no seu quintal? Lembra-se do gosto e da cor de um tomate maduro ou de uma cenoura recém-colhida? Do cheiro que tem uma horta?

Semear felicidade é um processo semelhante. A felicidade cresce no nosso jardim de ideias. Dê uma olhada no seu jardim. Que pensamentos você plantou? Que sementes trouxe da loja? Veja seu estoque de ideias. São novas? Você tem uma boa variedade? Há um estoque suficiente?

Nunca pare de plantar no seu jardim do saber. Mantenha sua mente aberta, curiosa e em expansão. Ninguém é completamente feliz sem nunca ter experimentado a sensação de crescimento intelectual. É impossível descrever a incrível satisfação que se tem quando seus conhecimentos e sua compreensão se ampliam.

Mas, como qualquer bom jardineiro lhe dirá, plantar as sementes e regar os canteiros são apenas algumas etapas no cultivo de um jardim. Existem as inevitáveis ervas daninhas, que crescem com enorme rapidez sem que precisemos erguer um dedo sequer. O mesmo acontece em nosso jardim de ideias, onde os pensamentos negativos parecem proliferar ainda mais quando fingimos não vê-los.

Pesquisas recentes sobre negócios que fracassaram indicam que, quando a empresa negligencia a pesquisa e não retira rapidamente do mercado produtos obsoletos, ela começa a deslizar ladeira abaixo em direção ao desastre financeiro.

Semear felicidade requer trabalho. Não podemos parar de ler, de ouvir mensagens positivas ou de participar de seminários de treinamento. Mas, à medida que nossos conhecimentos aumentam e nosso armazém de ideias se amplia, é preciso manter a humildade. Não podemos ser arrogantes em relação ao que sabemos; precisamos ter em mente que, por maior que seja a distância já percorrida no caminho do aprendizado, essa é uma jornada sem fim. Não aprendemos apenas por aprender, mas porque queremos levar alegria às outras pessoas quando chegar a hora da colheita.

Semear felicidade é, enfim, cultivar o intelecto. É impressionante como nossas mentes se mantêm atentas às novidades, surpresas e aventuras da vida. É natural em todos nós a capacidade de se entusiasmar e se maravilhar com o miraculoso processo que começa por uma semente na terra ou por uma ideia no jardim do saber.

Não existe maior satisfação do que a alegria proporcionada por uma colheita generosa.

Não existe nada mais animador do que uma ideia que brotou de um vago pensamento e cresceu até se tornar realidade.

Não existe melhor caminho para a felicidade do que aquele que passa pelo cultivo da mente. Cuide dela e logo brotarão ideias; então seu coração transbordará felicidade.

Não existe nada mais animador do que uma ideia que brotou de um vago pensamento e cresceu até se tornar realidade.

AUTOAPERFEIÇOAMENTO

Todo ano que chega levanta novas perguntas sobre o que o futuro nos reserva. Esses questionamentos nascem do receio generalizado da humanidade diante do desconhecido.

O filósofo e escritor Ralph Waldo Emerson perguntou-se um dia: "Como devo viver? Não temos competência para corrigir esta época. Nossa geometria não consegue abranger as vastas órbitas das ideias mais influentes, contemplar seu retorno e reconciliar sua dualidade. Só conseguimos obedecer à nossa própria polaridade." Emerson sugere sabiamente que nossa preocupação primordial não deve ser melhorar o mundo, mas aperfeiçoar a nós mesmos. Como consequência, o mundo evoluirá naturalmente.

O autoaperfeiçoamento é um assunto a que grandes pensadores, desde Aristóteles, vêm se dedicando. Eles aprimoraram o conhecimento que temos do mundo não propondo novas ideias, mas fazendo novos questionamentos. A cada pergunta formulada, mais respostas surgiam e, a cada nova resposta, outras perguntas nasciam.

Assim como um arado revolvendo a terra, essas perguntas avançaram lentamente por campos desconhecidos, muitas vezes enterrando velhas crenças sob um manto de novos conhecimentos.

Observando as questões levantadas pelas grandes mentes de nossa história, encontramos três perguntas-chave capazes de gerar um autoaperfeiçoamento constante. Aos 73 anos de idade, o filósofo Immanuel Kant (1724-1804) observou em uma carta: "Em retrospecto, percebo que o trabalho de toda a minha vida se concentrou na busca das respostas a três perguntas essenciais: 'Em que devemos acreditar?', 'O que podemos saber?' e 'O que devemos fazer?'."

Tal como o autoaperfeiçoamento, a História está sujeita ao esquecimento e à descoberta. Quinhentos anos antes de Kant, por exemplo, São Tomás de Aquino escreveu sobre o sucesso: "É preciso saber três coisas: no que acreditar, no que se empenhar e o que deve ser feito."

Ao que parece, o autoaperfeiçoamento é mais difícil do que a ciência, não porque os cientistas precisem encontrar mais perguntas antes de chegar a novas respostas, mas porque o processo de autoaperfeiçoamento exige que façamos inúmeras vezes as mesmas perguntas.

Enquanto nos prepararmos para arar esse campo chamado vida, precisamos redescobrir que, embora não possamos prever o futuro, podemos construí-lo lentamente, passo a passo, por meio de nossas crenças, nossos objetivos e nossas ações.

Nossa preocupação primordial
não deve ser melhorar o mundo,
mas aperfeiçoar a nós mesmos.

PONHA ATITUDE EM SUAS ESPERANÇAS

Não existe nada sobre a terra que não possa ser observado a partir de um ponto de vista cósmico.

– DOSTOIÉVSKI

Atitude é um dos temas que já discutimos em algumas reportagens da *Selling Power*. A julgar pelo número de cartas e comentários recebidos, posso afirmar que esse é um assunto bastante popular. Querendo examinar melhor por que nossos leitores estavam tão fascinados quanto nós pelo tema, comprei 100 broches com o dizer "Atitude" e comecei a distribuí-los entre vendedores, clientes, fornecedores e até mesmo estranhos que nos visitavam. Foi uma experiência gratificante.

Em Nova Orleans, dei um broche à recepcionista que me registrou no hotel. Em troca, ganhei uma suíte pelo preço de um apartamento comum. Um vendedor que esteve em meu escritório usou o broche preso à lapela nas visitas seguintes que fez a clientes. Ele me contou que aquilo havia levantado seu ânimo e até motivado uma compra naquele dia. Todos os clientes o haviam notado, e aquele simples emblema tinha sido uma excelente maneira de quebrar o gelo nas visitas feitas sem agendamento.

Um gerente de vendas me ligou para dizer que aquele pequeno objeto havia salvado sua vida. Por ironia do destino, alguns dias depois de eu lhe dar o broche, sua mulher recebeu o resultado de exames médicos confirmando um câncer terminal. Sentado em sua mesa e imerso em pensamentos angustiantes, ele de repente notou o broche "Atitude" que eu havia deixado em seu escritório. Então o prendeu na camisa e ficou com ele o dia inteiro. E foi assim que começou a se dar conta de que a única coisa na vida que podemos controlar é nossa atitude.

Durante a conversa, ele me disse que foi como se o pequeno emblema dourado houvesse rasgado uma nuvem de tristeza e lançado os raios de esperança de que ele tanto precisava para enfrentar aquela situação. Um vendedor mais racional talvez pense na atitude apenas como um pequeno apoio para suas esperanças, mas, na verdade, talvez ela seja um dos poucos alicerces com o qual ele sempre poderá contar.

A única coisa na vida que podemos controlar é nossa atitude.

A MARÉ DAS VENDAS

O melhor marinheiro é aquele que consegue navegar com pouco vento e extrair força dos maiores obstáculos.

– HENRY DAVID THOREAU

Adoro velejar quando venta forte. Durante um fim de semana de verão, percebi quanto o vento influencia o ânimo das pessoas a bordo. Quando ele sopra com força, o barco passa rapidamente pelas ondas, deixando para trás uma bela esteira de espuma. Todos se animam, sorriem, e tanto o capitão quanto a tripulação apreciam o passeio.

Quando o vento desaparece, feições amargas substituem os sorrisos, e a tripulação começa a reclamar do sol, do barco ou das outras pessoas a bordo. É como se as velas, ao serem infladas, nos enchessem de expectativas e, ao penderem frouxas, esmorecessem nossos ânimos.

Em vendas, um fenômeno semelhante acontece. Quando o vento certo sopra, corremos para aproveitá-lo. Prevendo o sucesso, fazemos tudo para afogar nossos concorrentes em um mar de cristas espumantes.

É ótimo confirmar um pedido grande e seguir em frente se sentindo confiante, para depois fechar o dia com mais uma venda importante. Mas, quando perdemos o ímpeto e as velas ficam frouxas, entramos numa zona de calmaria e começamos a questionar tanto nossa missão quanto nossa competência.

O gerente de vendas precisa fazer de seu estado de espírito uma brisa ligeira, para manter a tripulação atenta, concentrada, pronta para agir e totalmente focada no trajeto até o destino final. Infelizmente, alguns vendedores precisam de algo mais do que uma boa brisa, enquanto outros avançam sozinhos. Cabe ao gerente encontrar o ponto certo para sua equipe, de um leve sopro até uma rajada de vento gelado. Às vezes, uma conversa séria em particular com o vendedor é suficiente para manter as velas infladas e o controle de pedidos cheio. Em outras ocasiões, é necessário um programa de incentivos ou um seminário de desenvolvimento para tocar o barco adiante.

Mas e se você não tiver um gerente de vendas que lhe dê inspiração? E se estiver por conta própria, enfrentando a adversidade e a rejeição dia após dia? Como gerar essa força para continuar avançando?

Cada um de nós administra os próprios pensamentos, objetivos e energia. Temos toda a capacidade necessária para controlar o ambiente à nossa volta, para escolher deixá-lo frio ou cálido. As pessoas de sucesso sabem erguer esse campo de força ao seu redor. São os sonhos, objetivos, esperanças e empenho que inflam as velas e nos levam adiante, em direção ao sucesso.

O gerente de vendas precisa fazer de seu estado de espírito uma brisa ligeira, para manter a tripulação atenta, concentrada, pronta para agir e totalmente focada no trajeto até o destino final.

UMA PROFISSÃO EM QUE TODOS TÊM CHANCES IGUAIS

Ginger Rogers fazia tudo o que Fred Astaire fazia. E, ainda por cima, de trás para a frente e usando salto alto.

– ATRIBUÍDO A FAITH WHITTLESEY,
LINDA ELLERBEE E ANN RICHARDS

Na *Selling Power*, recebo muitas cartas pedindo matérias sobre grandes vendedoras. Com um número cada vez maior de mulheres ingressando nesse campo, essas solicitações acabaram se transformando em um interessante desafio.

Procuramos dezenas de mulheres extremamente bem-sucedidas: Liz Claiborne, Estée Lauder, Katharine Graham e Jeanne Kirkpatrick, para mencionar apenas algumas. Mas sempre recebíamos cartas muito educadas recusando o convite. Cada vez que uma dessas cartas chegava, retornávamos para a pesquisa.

Quando analisamos o organograma de grandes corporações, notamos que, nas 1.000 maiores empresas norte-americanas, não havia nenhuma presidente ou CEO. Por outro lado, nossas leitoras mostravam a necessidade de mais matérias sobre mulheres que fossem modelos de realização pessoal e profissional, bem-sucedidas em marketing e vendas. Conversando com dirigentes de associações representativas de diferentes ramos, encontramos algumas reclamações recorrentes: faltam conferencistas do sexo feminino, não há mulheres suficientes para serem indicadas a premiações...

Mais interessante ainda foi constatar que mulheres de sucesso tendem a dar muito menos entrevistas do que os homens. Seria porque elas preferem desfrutar o sucesso a falar sobre aquilo que conquistaram?

Quando conversamos com organizadores de conferências de vendas, um dos gerentes fez o seguinte comentário: "Falar em público é um campo dominado pelos homens, e às vezes me pergunto quantos oradores cruzam o país para realmente levar uma mensagem e quantos viajam apenas para encontrar um público e massagear seus próprios egos." Talvez isso seja uma generalização, mas, enquanto os homens bem-sucedidos se sentem bastante motivados a falar em público sobre suas conquistas, as mulheres de sucesso tendem mais a incentivar as outras pessoas a buscarem sua própria excelência.

Vender abre um leque de oportunidades capaz de levar a conquistas sem precedentes. No jogo das vendas, todos estão sujeitos às mesmas regras. Pesquisas sobre mulheres bem-sucedidas nessa área revelam que as chances de sucesso podem ser duplicadas por qualquer pessoa que: 1) Seja profissional em tudo o que faz; 2) Desafie constantemente a si mesma; 3) Mantenha a mente e o corpo em condições ideais; e 4) Faça sempre mais do que o esperado.

Enquanto os homens bem-sucedidos se sentem bastante motivados a falar em público sobre suas conquistas, as mulheres de sucesso tendem mais a incentivar as outras pessoas a buscarem sua própria excelência.

LIDERANÇA

No filme *O Sucesso a Qualquer Preço*, um gerente de vendas começa uma reunião surpresa dizendo a seus vendedores: "A boa notícia é que todos vocês estão demitidos. A partir de agora, vocês têm uma semana para recuperar seus empregos. Ah, consegui sua atenção! Vamos melhorar a premiação pelas vendas deste mês. O primeiro prêmio é um Cadillac Eldorado, o segundo é um jogo de facas para churrasco e o terceiro é a demissão!"

Dois dos vendedores reagem às ameaças do gerente bolando um plano de vingança para vender à concorrência sua carteira de clientes. O estímulo escolhido pelo gerente tem o efeito inverso, o aumento das vendas não acontece e até mesmo o melhor vendedor fracassa.

É claro que esta é uma versão hollywoodiana de uma empresa em que se trabalha sob pressão, além de ser uma visão distorcida do que é realmente vender, mas a liderança baseada na intimidação ainda vigora em muitas companhias.

Embora nos deparemos com centenas de relatórios sobre o assunto, é difícil encontrar exemplos de boa liderança. Para ser um bom líder, é fundamental saber liderar a si mesmo antes.

Quais são as características de um bom líder?

1. **Percepção.** Bons líderes não se limitam a repetir informações obtidas através da imprensa, da boca do povo ou da newsletter da empresa. Um bom líder interpreta

com exatidão os sinais emitidos pela alta gerência e pela base da organização, compreende melhor do que os outros essas informações e as traduz de forma que todos as entendam.

2. **Visão.** Um bom líder é capaz de visualizar o futuro e as possibilidades que ele oferece. Essa visão lhe concede um tipo especial de autoridade que não consta no organograma da empresa. Os funcionários percebem que há um propósito nas opções feitas pelo líder e utilizam isso como guia para o que fazem.
3. **Ação.** Líderes são avaliados pela maneira e pela rapidez com que agem. As pessoas que eles gerenciam se perguntam "Nosso líder evita confrontos?", "Ele é capacitado para enfrentar os concorrentes?", "Ele recompensa os funcionários competentes?", "Ignora as traições?", "Quanto tempo demora para enfrentar problemas graves?", "É capaz de tomar decisões rápidas?" e "Ele permite que os outros recebam o devido crédito pelas próprias vitórias?".
4. **Responsabilidade.** O líder oferece liberdade em troca de responsabilidade. Líderes medianos esperam que sua equipe seja responsável; bons líderes a ensinam a responder pelos próprios atos; os melhores líderes se transformam em modelos de responsabilidade e assumem as deficiências e fracassos de seu grupo.
5. **Autoliderança.** Bons líderes têm autocontrole. Eles põem em prática seus talentos, não importa onde estejam ou que desafios encontrem. Ter autoliderança é um pré-requisito imprescindível para liderar outras pessoas.
6. **Respeito.** Bons líderes respeitam sua equipe e tratam-na como se fosse um cliente. Se o gerente de vendas do filme *O Sucesso a Qualquer Preço* houvesse se dirigido com respeito aos vendedores, teria conseguido a cooperação

deles. Ao ameaçá-los, o que obteve em resposta foi ansiedade, raiva, sabotagem e indiferença. A lição que fica é: o líder que trata os outros como idiotas não é um líder; é apenas mais um idiota.

Para ser um bom líder, é fundamental saber liderar a si mesmo antes.

MODELOS PARA O SUCESSO

As pessoas raramente progridem quando não têm outro modelo além delas mesmas para copiar.

– OLIVER GOLDSMITH

Acredito que as possibilidades de sermos bem-sucedidos são muito maiores quando nos cercamos de pessoas que nos servem de exemplos de sucesso. Você presta atenção ao que as pessoas de destaque fazem, para aprender com a experiência delas?

Vejamos o caso de J. W. Marriott, presidente do conselho da cadeia de hotéis Marriott. Grande parte de seu sucesso se deve ao pai, que incutiu nele a importância do aperfeiçoamento contínuo. O sucesso de J. W. ultrapassou em muito o do próprio pai, resultado de sua dedicação ao estudo das melhores práticas de pessoas bem-sucedidas.

Mas para que servem os exemplos de sucesso em nossas vidas? Eles apontam a direção certa e nos mostram em que devemos aplicar nosso talento e energia. Da mesma forma que o capitão de um navio confia em instrumentos de navegação como a bússola, o sextante ou o radar para determinar sua posição e traçar uma rota, podemos nos inspirar nesses modelos para prever o que pode dar certo e saber como nos sairmos bem em nossos esforços. Tomando-os por mentores, podemos definir uma rota que nos leve ao sucesso.

Os modelos de sucesso oferecem "sementes mentais" que – se corretamente plantadas – podem gerar uma nova safra de ideias, conceitos, estratégias e decisões capazes de melhorar nossas vidas. Quando entrevistei ex-prisioneiros de guerra, por exemplo, fiquei impressionado com a coragem e a tenacidade dessas pessoas. Conversando com motivadores, aprendi muito sobre suas atitudes, seus objetivos e sua forte autoestima. O contato com executivos bem-sucedidos gerou ideias importantes para a administração da minha própria empresa.

Ao longo dos anos, descobri que há sempre alguém que já tenha usado de persistência, determinação e habilidade para superar situações semelhantes a cada uma das dificuldades ou problemas que enfrentamos. Outras pessoas já realizaram os próprios sonhos – você também pode fazer isso.

Para aprender o máximo possível com seus modelos de sucesso, observe as três etapas a seguir.

Primeiro decida em que áreas você quer se aperfeiçoar. Sua lista de aperfeiçoamento pode incluir características pessoais, qualificações profissionais ou estratégias de sucesso. Anote 10 mudanças que você gostaria de fazer nos próximos seis meses.

Em seguida, para cada característica ou habilidade que você quer aperfeiçoar, escolha duas ou três pessoas que sejam modelos de sucesso. Se, por exemplo, sua habilidade para fazer perguntas é um ponto fraco, você poderia estudar jornalistas ou advogados famosos. Para selecionar modelos, uma boa dica é procurar livros sobre pessoas que se destacam em suas áreas de atuação.

O terceiro passo é tomar nota do que você aprendeu estudando essas pessoas. É bastante útil manter suas anotações em um fichário. Assim, com o passar do tempo, você ampliará sua biblioteca sobre o sucesso. Consulte-a regularmente.

Há muitas pessoas em quem você pode se inspirar. Tire proveito disso: escolha hoje mesmo novos modelos, estude seus projetos de vida e comece a seguir seus passos. O sucesso logo chegará para você.

VOCÊ PERCEBE AS OPORTUNIDADES À SUA FRENTE?

Idade é uma questão de sentimento, não de tempo.

– GEORGE WILLIAM CURTIS

Embora vivamos numa cultura que idolatra a juventude, eu na verdade anseio por envelhecer. Em vez de, logo de saída, rejeitar minhas opiniões sobre as vantagens do envelhecimento, dê uma chance a elas, e acredito que você concordará que faz sentido tirar o maior proveito possível daquilo que é inevitável.

Certamente vivemos a melhor época desde o início da história humana. O homem nunca esteve tão adaptado, tão bem informado ou com a mente tão aberta. O progresso da medicina nos trouxe grandes benefícios. Um bebê nascido em 1920, por exemplo, teria uma expectativa de vida de pouco mais de 50 anos; hoje ela é superior a 70. Para quem chega aos 100 anos, as descobertas sobre os cuidados com o corpo e as inovações na medicina melhoraram quase inacreditavelmente a qualidade dos últimos anos de vida. Além disso, o fato de podermos acumular e divulgar nossos conhecimentos torna a vida ainda mais fantástica. Novas perspectivas, ideias e possibilidades surgem a cada dia.

Nesse contexto, claro que é magnífico ser jovem. Mas a juventude tem um preço elevado, além de uma série de desvantagens. Antes de mais nada, uma boa instrução universitária muitas vezes depende de um alto investimento financeiro; em segundo lugar, o início de uma carreira é uma fase complicada: encontrar emprego é difícil e os salários costumam ser baixos nos primeiros anos; mesmo os seguros contra acidentes de trânsito são mais caros para os jovens (já que o risco de acidentes é maior); em quarto lugar, dados de 2009 mostraram que quase 90% das vítimas de homicídios no Brasil tinham menos de 50 anos; em quinto, pesquisas feitas nos Estados Unidos revelaram que pessoas entre 21 e 44 anos faltam mais ao trabalho por motivos de saúde do que empregados mais velhos; e finalmente, o risco de doenças mentais é muito mais elevado durante a adolescência e a juventude.

Estou convencido de que o passar do tempo melhora nossas vidas, nos permitindo realizar mais projetos e ser mais felizes.

Em uma entrevista sobre como melhorar com a idade, conversamos com Hugh Downs, ex-âncora do programa *20/20* e ganhador do Prêmio Emmy. Hugh tem mais de 70 anos, mas parece tão entusiasmado com a vida quanto um recém-nascido. O que mais me surpreendeu nele, entretanto, foi sua insaciável curiosidade. Depois de passar uma hora a seu lado, percebi que não existe assunto que ele não se disponha a discutir com franqueza e inteligência. Encerrada a entrevista, uma ideia óbvia me ocorreu: a juventude é uma questão de receptividade.

Quanto mais tempo nos mantivermos abertos e receptivos aos milagres e desafios da vida, mais durará nossa vitalidade.

À medida que envelhecemos e passamos a enxergar o mundo através de lentes multifocais, temos que recordar que a idade melhora nossa visão interior. Com o tempo, adquirimos uma perspectiva mais saudável sobre os desafios da vida. Conseguimos manter a calma e trabalhar sob pressão, compreendemos mais a nós mesmos e aprendemos a nos cuidar melhor. Sim, o amadurecimento é uma enorme oportunidade para crescer como ser humano. Nas belas palavras do poeta Longfellow, "o amadurecimento é uma oportunidade em nada inferior à própria juventude, embora sob outra aparência. E à medida que o crepúsculo se apaga, o céu se enche de estrelas, invisíveis durante o dia."

Quanto mais tempo nos mantivermos abertos e receptivos aos milagres e desafios da vida, mais durará nossa vitalidade.

INDISPENSÁVEL OU INÚTIL?

O homem que não lê absolutamente nada é mais instruído do que o homem que não lê nada além de jornais.

– THOMAS JEFFERSON

Alguma vez, ao ler o jornal, você já se pegou pensando "Mas o que é isto? Esta história é horrível! Que situação mais horrorosa!"?

Temos muito pouco conhecimento sobre o efeito da informação em nossas atitudes. No entanto, sabemos que a leitura pode gerar uma gigantesca maré de emoções. Uma matéria jornalística comum, por exemplo, pode levar a um estado de espírito de desamparo, indignação ou mesmo raiva.

Embora a ciência tenha desvendado as necessidades nutricionais do corpo humano, ainda não é possível determinar a quantidade de informações positivas necessárias para manter uma mente saudável. Os nutricionistas sabem, por exemplo, a quantidade mínima de vitamina C que se deve ingerir por dia. Temos a noção exata da ingestão máxima de sal recomendada. Mas não há um psicólogo sequer que tenha definido quantas "notícias ruins" constituem um nível perigoso de informações negativas. Você saberia dizer exatamente qual é o seu grau de tolerância a reportagens sobre violência? Quem seria capaz de medir quanta energia positiva é necessária para nos recuperarmos de um noticiário que nos esgota emocionalmente?

Temos o direito de nos expor à informação que quisermos – mas que tal assumirmos a responsabilidade pela escolha do nível de exposição adequado? Por que não atribuir um valor àquilo que lemos?

Em se tratando de vendas, atitude e sucesso estão intimamente ligados. Se nos deixarmos influenciar por informações negativas, estaremos pondo em risco nosso potencial de ganhos.

Todos nós temos acesso ao mais fantástico computador já construído - o próprio cérebro -, e a cada segundo tomamos decisões irreversíveis quanto ao que ele absorve. Que tipo de informação você quer guardar nele: indispensável ou inútil?

Temos o direito de nos expor à informação que quisermos.

A RELAÇÃO ENTRE ESTADO DE ESPÍRITO E PRODUTIVIDADE

A Universidade de Michigan realizou uma importante pesquisa a respeito de como o ânimo influencia a produtividade em vendas. Trata-se de um trabalho inovador e raro na área de psicologia que visa abordar atitudes que os vendedores podem tomar para administrar seu estado de espírito.

Tirar a tarde de folga, descontar o mau humor em outra pessoa ou mesmo ir a um bar certamente não são técnicas eficazes para reanimar ninguém. Na verdade, elas podem levar a mais depressão e a uma queda ainda mais acentuada no rendimento. As descobertas científicas levam a crer que, quando se está desanimado, há três caminhos possíveis para se recuperar a energia e o autocontrole – e eles não custam nada:

1. **Fazer exercícios.** Quando sua mente estiver estressada, exercite o corpo. Você literalmente queimará aquilo que o deixou de cabeça quente.
2. **Trabalhar mais.** Quando as coisas não funcionam do jeito que você planejou, não espere mais dos outros, exija mais de si mesmo. Faça mais uma tentativa. Dê a você mesmo outra chance de fechar um negócio. Não fique se remoendo: vá à luta e tente algo novo.
3. **Conversar com um mentor.** De nada adianta ficar remoendo um problema sozinho. Conversar com alguém nos obriga a organizar os pensamentos, o que nos permite controlar as emoções.

O Dr. Randy Larsen, professor de psicologia da Universidade de Michigan, sugere adotar algumas técnicas desenvolvidas pela terapia cognitiva, que tem se revelado surpreendentemente eficaz no controle do humor.

Desenvolvida pelo Dr. Aaron Beck, a terapia cognitiva trouxe evidências científicas de que nossos pensamentos (cognição) são os principais responsáveis pela maneira como nos sentimos. O que perturba nosso estado de espírito não é um determinado acontecimento, mas a avaliação que fazemos dele. Se você se sente derrotado quando um cliente rejeita sua proposta, é possível se livrar dessa emoção negativa simplesmente reavaliando a situação. Em vez de dizer "Hoje não é o meu dia! Ele não podia ter feito isso comigo! Que cretino!", você pode pensar: "Ele apenas não aceitou minha proposta; mas, quanto mais clientes eu abordar, mais venderei. Próximo cliente!"

Quando aprendemos a avaliar os acontecimentos de maneira objetiva, construtiva e otimista, nosso espírito se eleva e nossa produtividade aumenta.

A ciência revelou que cabe a nós a opção de interpretar as experiências de venda de forma dolorosa ou proveitosa. Controlar o estado de espírito é vital para o sucesso, nos mantém centrados e nos permite seguir em frente, em direção aos objetivos. Agir assim assegura o ponto ótimo da produtividade: o da predisposição para o sucesso.

Quando aprendemos a avaliar os acontecimentos de maneira objetiva, construtiva e otimista, nosso espírito se eleva e nossa produtividade aumenta.

VOCÊ ESTÁ PREPARADO PARA O SUCESSO?

Uma vida sedentária é o verdadeiro pecado contra o Espírito Santo.

– NIETZSCHE

O ser humano em geral gasta muito mais energia quando criança do que na idade adulta. Por causa dessa diferença de ritmo, manter a forma ou recuperá-la é uma preocupação exclusiva dos adultos – e a tendência a ficar fora de forma é bem mais comum nessa fase da vida.

O Dr. Ken Cooper foi um dos grandes responsáveis pela difusão do movimento em prol da boa forma física. Seu incansável trabalho com os pacientes e seu internacionalmente reconhecido centro terapêutico em Dallas colocaram de uma vez por todas o cuidado com o condicionamento físico na ordem do dia.

Segundo o Dr. Cooper – que se baseia em uma enorme quantidade de evidências clínicas –, a boa forma física começa no sistema cardiovascular. Ela é resultado de atividades aeróbicas regulares complementadas por uma dieta equilibrada que se adéque às necessidades de cada um. Não se reflete apenas na aparência, nem pode ser alcançada sem esforços contínuos.

Exercícios físicos regulares são a filosofia de vida do Dr. Cooper. E não foi sem conhecimento de causa que ele chegou a ela. Há alguns anos, ele estava tão fora de forma quanto tantos de nós. Foi necessário um grande susto esquiando na água para que ele percebesse quanto é importante manter o preparo físico.

A experiência do Dr. Cooper com milhares de pessoas de todas as idades, combinada às suas extensas pesquisas, comprova que aqueles que seguem um programa de exercícios aeróbicos têm mais chances de ser bem-sucedidos.

Na corrida em busca do sucesso, sai na frente quem está em forma. Pratique exercícios regulares e você entenderá a inegável relação entre o sucesso e um bom condicionamento físico.

Convencido por essas evidências, decidi seguir o conselho do Dr. Cooper e comecei a caminhar quatro vezes por semana. As caminhadas se transformaram numa rotina agradável pela qual agora anseio, e já me trouxeram enormes benefícios: mais clareza de pensamentos e capacidade de concentração, menos estresse e uma pressão arterial normal. Além disso, descobri que fico livre de todas as preocupações enquanto estou caminhando.

A boa forma física vem de dentro para fora e pode constituir o alicerce de uma vida de muito mais sucesso.

Na corrida em busca do sucesso, sai na frente quem está em forma.

O APRIMORAMENTO CONSTANTE

Todos querem mudar o mundo, mas ninguém pensa em mudar a si mesmo.

– LEON TOLSTOI

Em 15 de agosto de 1945, quando o imperador do Japão anunciou pelo rádio a rendição de seu país, a Toyota tinha menos de 10 anos de experiência na construção de automóveis e caminhões. Exatamente 24 horas antes de a guerra terminar oficialmente, um B-29 norte-americano surgiu nos céus de Nagoya, na região onde ficava a Toyota. A primeira e a segunda bombas erraram o alvo, mas a terceira destruiu metade da linha de montagem da fábrica.

A área logo foi reconstruída e novas instalações foram inauguradas, oferecendo um recomeço aos veteranos da guerra. Por volta de 1949, as fábricas da Toyota podiam produzir 1.400 veículos por mês, mas as vendas se arrastavam. A empresa tinha problemas com inadimplência de clientes e foi preciso planejar demissões em massa. O sindicato reagiu com uma greve e, como consequência, a maior parte do conselho diretor renunciou. Uma nova diretoria foi empossada e a empresa se concentrou em lançar novos veículos.

Querendo acelerar a reconstrução da indústria japonesa, o general Douglas MacArthur encarregou o Dr. Edward Deming de orientar a alta gerência da empresa a adotar princípios de gerenciamento mais atualizados. Os engenheiros e administradores da Toyota aprenderam que dar ordens e oferecer recompensas e punições era muito menos eficiente do que liderar e apoiar os operários em um esforço ininterrupto para melhorar a qualidade. Em 1955, a Toyota lançou o Crown, o primeiro automóvel totalmente fabricado no Japão.

Doze anos após o fim da guerra, dois Crowns foram enviados de Yokohama para Los Angeles, e a Miss Japão posou para fotos ao lado deles. Repórteres se apressaram em comentar o evento e revendedores otimistas – que batizaram o estranho carro de "bebê Cadillac" – previram vendas anuais de 10 mil veículos. Mas o Crown não atendeu às exigências do mercado norte-americano e, com mais e mais problemas técnicos surgindo, a Toyota suspendeu a exportação daquele modelo para os Estados Unidos. Visando contentar os revendedores, a empresa concentrou suas operações no Land Cruiser 4x4, até lançar o excepcionalmente bem-sucedido Corona. Por volta de 1971, a Toyota já era a terceira maior fabricante de carros do mundo. Em 1986, começou a produzir nos Estados Unidos e, em 2001, atingiu a marca de mais de 1,1 milhão de veículos fabricados lá. Nessa época, a empresa contava com 32.500 funcionários e 500 fornecedores norte-americanos.

Qual é o segredo da perseverante Toyota para superar condições adversas? Os membros da alta diretoria da empresa têm uma visão responsável do futuro, sem deixar que seus egos atrapalhem a ideia de aprimoramento constante. Ao adotar as orientações do Dr. Deming quanto à necessidade de os administradores analisarem os processos que integram o sistema e conseguirem o apoio dos trabalhadores, a Toyota entendeu que os gerentes devem deixar de lado seus egos para trazer à tona ideias que levem ao aperfeiçoamento.

Em última análise, o progresso demanda uma profusão de ideias, não um aglomerado de egos. Os altos executivos da

Toyota não se vangloriam dos patamares atingidos por sua empresa. Em vez de se apegarem à distância já percorrida, se dedicam a planejar os próximos grandes passos, visualizando aonde poderão chegar.

Em última análise, o progresso demanda uma profusão de ideias, não um aglomerado de egos.

O QUE SERIA DO SUCESSO SE NÃO FOSSEM AS DIFICULDADES?

Fazemos nossos caminhos e lhes chamamos destino.

– BENJAMIN DISRAELI

Fico sempre surpreso com a maneira como muita gente quer vencer na vida, sem se dar o trabalho de pensar no que é o sucesso ou no que se deve fazer para alcançá-lo. A grande pergunta é: "O que sucesso significa para você?"

Almocei certa vez com Tom Hopkins, que define o sucesso como "a progressiva realização de um objetivo que valha a pena". Ainda a caminho do restaurante no Rolls Royce de Tom, ele me contou que seu pai certa vez dissera que ele nunca seria grande coisa. Tom não tem formação universitária, no entanto já treinou mais de três milhões de vendedores e se considera feliz por conseguir ajudar as pessoas a obter melhores resultados em vendas.

Uma semana antes, eu havia perguntado a um motorista de táxi em São Francisco o que ele entendia por "sucesso". O homem, que havia nascido em Ruanda, me disse: "Eu acho que tenho muita sorte, porque pude vir para os Estados Unidos. Meu pai tinha três esposas e 25 filhos; eu dividia o quarto com quatro irmãos e dormia no chão. Sucesso, naquela época, era comer ao menos uma vez por dia. Agora significa ter instrução. Eu tenho dois empregos, para poder retribuir o que minha família e este país maravilhoso me dão." Quando chegamos ao hotel, pesquisei Ruanda na internet e descobri que a expectativa de vida lá é de apenas 45 anos e que a renda média não chega a dois dólares por dia.

Estive também com Vinod Gupta, presidente da InfoUSA, um indiano que imigrou para os Estados Unidos em 1967. Vinod cresceu numa casa que não tinha eletricidade, água encanada ou esgoto. Seu pai, que era médico, ganhava 50 dólares por mês. Hoje Vinod tem sete casas em lugares belíssimos, como o Havaí, Aspen, Miami e São Francisco. Sua coleção de 12 automóveis inclui dois Porsches e uma Ferrari. Sua visão de sucesso é elevar o valor de sua empresa, de 330 milhões para um bilhão de dólares. Ele não esqueceu sua origem humilde; ajudou a construir uma escola para mulheres na Índia e doou mais de 10 milhões de dólares a instituições de caridade.

O motorista do táxi, Tom Hopkins e Vin Gupta têm algo em comum: todos enfrentaram dificuldades no início. O segredo de seu sucesso pode estar na eterna busca de superá-las. Todos eles venceram obstáculos quase instransponíveis, que forjaram sua determinação em serem bem-sucedidos mesmo contra todas as probabilidades. Tiveram também o mesmo sonho de ultrapassar o que seus pais haviam alcançado, e todos estão decididos a devolver algo de bom à sociedade.

É interessante notar que as pessoas bem-sucedidas raramente tiveram que ler um livro sobre o assunto, no entanto inspiram livros sobre o sucesso. Suas histórias provam que as dificuldades são como o grão de areia que a ostra transforma em pérola.

O sucesso tem a ver com transformação, é evoluir para chegar a nossos destinos.

PODEMOS CONVERSAR?

Esperem um pouco! Alguma coisa está acontecendo! É impressionante, senhoras e senhores. A extremidade do objeto está começando a se destacar! O topo está girando como um parafuso! O objeto deve ser de metal! É a coisa mais aterradora que já presenciei! Esperem um pouco. Alguém está se arrastando para fora. Alguém ou... alguma coisa. Posso ver dois discos luminosos emergindo da escuridão... Seriam olhos? Pode ser uma face. Pode ser...

– ORSON WELLES

Com essas palavras, Orson Welles iniciou sua infame transmissão radiofônica de *A guerra dos mundos*. Era a véspera do dia das Bruxas do ano de 1938. O programa gerou pânico. As pessoas correram pelas ruas tentando não cair nas garras dos invasores vindos de Marte. Essa frenética reação demonstrou o poder do rádio.

Mas, à medida que milhões de norte-americanos compravam aparelhos enormes e sintonizavam novos programas, uma sutil mudança cultural começava. Ao mesmo tempo em que adquiriam o hábito de sintonizar programas, as pessoas iam gradualmente perdendo a sintonia entre elas. O rádio e a televisão se transformaram em substitutos da narração presencial de histórias, em intermediários para a argumentação e o debate – antes diretos – entre as pessoas. A arte do diálogo começou a desaparecer. Na década de 1920, foram publicados mais de 300 livros nos Estados Unidos sobre a arte da conversação. Atualmente, restam apenas fragmentos dessa arte perdida. Existem livros sobre como chamar a atenção, sobre a arte de estabelecer uma conversa breve, sobre como ouvir, convencer, negociar, discutir, fazer perguntas, interpretar expressões faciais e, estimular a mente do interlocutor, além de uma infinidade de obras afins.

O mundo se tornou tão fragmentado que, aparentemente, não reconhecemos mais a arte de dialogar como um comportamento legítimo e saudável. Tente recordar a última vez que você manteve um diálogo em que houve intercâmbio de informações interessantes, pontos de vista diferentes e emoções autenticamente partilhadas. Quando foi a última vez que você teve uma conversa em que os pensamentos fluíram espontaneamente, você estava em sintonia com o interlocutor e os dois se sentiram mais esclarecidos?

Enquanto o rádio e a televisão simplesmente desviam a atenção que as pessoas dariam umas às outras, pesquisas indicam que as novas tecnologias na realidade limitam nossa capacidade de falar e ouvir. Uma pesquisa recente, abrangendo mais de 700 escolas de ensino fundamental na Inglaterra, indicou que a maioria dos professores acha que a capacidade das crianças de falar e ouvir diminuiu nos últimos anos. Os grandes culpados disso são o computador, a internet, o vídeo game e o telefone celular. Um pesquisador disse que muitas famílias já não conversam, mas se limitam a grunhir.

Segundo o Dr. Theodore Zeldin, o mundo está precisando de uma boa conversa. Seu livro *Conversação*, baseado numa série de palestras radiofônicas transmitidas pela BBC, analisa a importância do diálogo e a maneira como ele pode mudar nossas vidas.

Zeldin acredita que, quando duas pessoas se envolvem numa boa conversa, elas não se limitam a embaralhar as cartas: elas criam novas cartas. Para Zeldin, uma conversa de vendas procura abrir as mentes de forma que as ideias e as emoções possam fluir livremente. No caso das vendas, mentes abertas levam a novas oportunidades. Uma boa conversa de vendas gera um relacionamento gratificante que oferece significado como recompensa mental e dinheiro como remuneração pelo esforço.

O mundo se tornou tão fragmentado que, aparentemente, não reconhecemos mais a arte de dialogar como um comportamento legítimo e saudável.

LIDERANÇA DECISIVA

O verdadeiro líder não tem necessidade de liderar – contenta-se em apontar o caminho.

– HENRY MILLER

Você permite que notícias ruins influenciem seus pensamentos? Seu estado de espírito oscila de acordo com o sobe e desce do mercado de ações? Você fica abatido quando as manchetes anunciam que grandes executivos manipularam relatórios financeiros para desviar dinheiro? Se você respondeu afirmativamente a essas perguntas, talvez seja hora de passar por cima das notícias negativas e deixar de ser um seguidor influenciável para se transformar em um líder influente.

Vivemos numa época difícil, mas já superamos tempos piores. Vejamos a história de um líder decidido que treinou um grupo de corretores de seguros em Binghamton, no estado de Nova York. O treinador de vendas Hugh Wedge desafiou seus alunos a aplicar seus novos conhecimentos e habilidades numa competição de vendas pela noite adentro. O grupo iniciou os trabalhos às 19h, fazendo uma pausa à meia-noite para jantar e discutir suas experiências de prospecção de clientes e fechamento de negócios.

Muitos ficaram surpresos por encontrar um número considerável de clientes que receberam bem a oportunidade de conversar com um vendedor de seguros à noite, em seus locais de trabalho. Um dos corretores vendeu uma apólice a um médico atarefado no hospital da cidade. Outro visitou todos os locais que encontrou abertos, como lanchonetes 24 horas, postos de gasolina e áreas de descanso de caminhoneiros. Antes da meia-noite, ele já havia vendido quatro apólices. Um terceiro conversou com vários policiais, sendo que um deles comprou um seguro de vida e outro demonstrou interesse em trabalhar como corretor. Este mesmo vendedor fechou uma venda a um caminhoneiro enquanto este fazia uma entrega em um depósito e acabou sendo apresentando aos donos do local, que ficaram interessados em um polpudo seguro para o imóvel.

Uma das corretoras decidiu concentrar seus esforços na cantina do hospital local. Ela conversou com as enfermeiras, fez três tentativas e vendeu três apólices. Uma de suas novas clientes ficou de lhe indicar mais 10 enfermeiras e prometeu apresentá-la pessoalmente a todas.

A garçonete da lanchonete onde a equipe se reuniu para jantar era viúva, não tinha seguro de vida e logo se interessou em adquirir um. Após o jantar, o grupo partiu novamente pela noite adentro, combinando voltar às seis da manhã para tabular os resultados.

Os 29 corretores trabalharam um total de 209 horas naquela noite, realizando 227 contatos, concluindo 125 entrevistas bem-sucedidas e fechando 61 vendas. Enquanto outros vendedores de seguros dormiam, aqueles 29 provaram a si mesmos e às respectivas seguradoras que não há obstáculos para quem está disposto a se empenhar.

Este caso ocorreu em 1949, numa época em que os mineiros de carvão e os metalúrgicos estavam em greve e a economia norte-americana havia se retraído inesperadamente. Naquele ano, a notícia mais comentada foi o teste da primeira bomba atômica soviética. As pessoas estavam preocupadas com a ameaça nuclear. Os professores haviam começado a treinar procedimentos de emergência com os alunos, e as crianças tinham que se abrigar embaixo das carteiras. Se aqueles corretores de seguros fossem seguidores influenciáveis, teriam passado a noite em claro cavando abrigos antiaéreos. Mas, sem se deixarem intimidar pelas adversidades que os cercavam, esses líderes influentes foram atrás de seus sonhos e ao encontro de um sucesso sem igual.

COMO PARAR UM TREM

Nada é impossível; existem formas de se conseguir tudo e, se tivermos determinação suficiente, sempre encontraremos os meios necessários.

– FRANÇOIS DE LA ROCHEFOUCAULD

Certa tarde, cheguei ao guichê da Penn Station, em Nova York, exatamente às 18 horas e perguntei ao bilheteiro quando sairia o próximo trem para Washington. "Se você quiser correr, o das 18 horas parte em dois minutos", ele respondeu.

Com um "Vou tentar", peguei o bilhete e, em 20 segundos, comecei minha corrida para a plataforma, arrastando a mala através da multidão. Mais 30 segundos e eu estava subindo de dois em dois os degraus da escada rolante.

Havia um trem em cada lado da plataforma, então pensei: "Consegui!" Foi quando reparei que as portas das duas composições estavam fechadas. Perguntei a um funcionário qual daqueles trens iria para Washington. A resposta foi: "O que está começando a andar atrás de você."

Eu me virei e lá estava meu trem começando a deslizar sobre os trilhos, um vagão após o outro passando por mim. Durante uma fração de segundo, pensei em pegar o próximo trem, mas por alguma razão achei que não devia desistir. Observando a composição, notei a porta de um vagão aberta, com um cabineiro agarrado ao corrimão. Olhei em seus olhos e perguntei: "Como vai o senhor? Indo para Washington?" O homem respondeu que sim.

Arrastando minha mala, continuei acompanhando o trem e perguntei ao cabineiro com um sorriso: "Se importaria em me levar?"

"Deixe-me ver o que posso fazer", disse o homem. Ligou para o maquinista e perguntou: "Será que dá para esperar uma pessoa?" E para mim: "Continue andando; se ele parar, você entra."

Depois que eu já havia percorrido uns 20 metros, o trem parou e o cabineiro me convidou a entrar. Agradeci a ele por ter salvado o meu dia. Quando me sentei, percebi que mais dois passageiros haviam me seguido e pareciam satisfeitíssimos por estar a bordo. Um deles me perguntou: "Como você fez para segurar o trem?"

"Simples", respondi. "Foi só pedir." Durante o caminho para Washington, fiquei pensando nas diversas situações em que eu havia recorrido a esta tática. Consegui entrevistar uma centena de pessoas de projeção nacional, arranjando grandes matérias para nossa revista. Tive a honra de ser convidado para jantar com o ex-presidente Bush e jogar golfe com o ex-presidente Clinton.

Vender requer uma mente aberta que permita uma ligação com as pessoas, não importa quem sejam ou quanto dinheiro, conhecimento ou poder elas possuam. Vender exige uma atitude que nos mantenha abertos a todas as oportunidades e sem receio de pedir aquilo que outras pessoas considerariam impossível.

Vender requer uma mente aberta que permita uma ligação com as pessoas, não importa quem sejam ou quanto dinheiro, conhecimento ou poder elas possuam.

A POLÍTICA DO CORPO

Uma boa risada é um raio de sol numa casa.

– WILLIAM MAKEPEACE THACKERAY

Temos a tendência a avaliar as pessoas menos pelo que dizem do que pela maneira como se expressam não verbalmente. Uma pesquisa realizada na Universidade da Califórnia revelou que 7% das emoções e atitudes são comunicadas por palavras, 38% pelo tom da voz e 55% de maneira não verbal. Os vendedores nem sempre percebem que são verdadeiros painéis ambulantes com mensagens que vão da autoconfiança à insegurança, da exuberância à arrogância e da confiabilidade à desconfiança.

Veja alguns dos canais de comunicação não verbais mais importantes, que merecem ser monitorados durante as prospecções.

1. **Movimentos.** Durante um debate em New Hampshire, Ronald Reagan falou sobre liberdade de expressão para justificar a inclusão de quatro candidatos que não haviam sido convidados. Quando o moderador pediu que desligassem o microfone de Reagan, ele se inclinou, agarrou o aparelho e disse: "Eu paguei por este microfone", numa alusão ao fato de que tinha financiado o debate. Embora as palavras já fossem incisivas, a linguagem corporal as tornou ainda mais poderosas. Ao agarrar o microfone, Reagan transformou a situação em um momento decisivo que, no fim, o levou a vencer a eleição.

2. **Expressões faciais.** Embora a musculatura facial seja facilmente controlável, nem sempre percebemos o que comunicamos por meio dela. George W. Bush, por exemplo, tende a franzir os lábios para aliviar a tensão. Seu sorriso parece forçado, o que pode ser entendido como sinal de arrogância. Já Bill Clinton exibe todos os dentes, e seus olhos sorriem junto com eles, gerando emoções positivas nos interlocutores.
3. **Gestos.** George W. Bush tende a erguer e agitar os braços, o que o faz parecer mais poderoso. Tony Blair une o polegar ao indicador para sugerir exatidão e, tal como Bush, move as mãos como se cortassem o ar para mostrar que mantém o controle da situação e enfatizar seus argumentos.
4. **Fluência.** Bill Clinton consegue entrar em qualquer ambiente, empolgar a multidão e dizer algo profundo sobre o que o público está pensando e sentindo. Bush às vezes peca na gramática e na sintaxe e frequentemente usa frases incompletas. Mas embora Bush não seja considerado tão perspicaz, muita gente simpatiza com sua linguagem corporal inquieta, pois isso demonstra que ele não está fingindo quando expressa suas emoções.
5. **Apertos de mão.** As pessoas que estendem a mão com a palma virada para baixo revelam serem dominadoras; as que viram a palma da mão para cima quando cumprimentam outras demonstram submissão. A melhor técnica é manter a mão na vertical, exercendo uma pressão média e apenas por alguns segundos.

Em vendas, como na política, as pessoas nem sempre confiam no que ouvem, mas quase sempre julgam baseando-se naquilo que estão vendo.

SONHADORES APAIXONADOS

Gosto mais dos sonhos do futuro do que da história do passado.

– PATRICK HENRY

Como mostram as histórias dos líderes empresariais extremamente bem-sucedidos, os sonhos precisam ser cheios de paixão para terem a chance de se tornarem realidade. Tomemos como exemplo Herb Kelleher, cofundador e ex-presidente da Southwest Airlines, um visionário que criou a empresa aérea mais lucrativa dos Estados Unidos. Conhecido por sua personalidade intensa e por "meter a mão na massa", Kelleher foi um grande modelo para seus funcionários. Enquanto seus concorrentes ficavam sentados atrás de mesas de mogno em escritórios luxuosos, ele frequentemente transportava as malas dos passageiros para os aviões, enchia copos com gelo enquanto as comissárias de bordo anotavam pedidos e entretinha os passageiros com seu senso de humor.

Que presidente de empresa aérea permitiria que suas funcionárias se vestissem de coelho na Páscoa e de peru no dia de Ação de Graças? Kelleher sabia que qualquer concorrente podia copiar o plano de negócios da Southwest, mas nenhum deles conseguiria reproduzir a paixão fervorosa que permeava a cultura da empresa. "Nosso pessoal é tão cheio de energia", afirma ele, "que não poderia ser imitado."

Mo Siegel, fundador da altamente bem-sucedida Celestial Seasonings Tea Company, bebeu da mesma fonte de paixão que

Kelleher. Aos 21 anos, Siegel sonhava em ficar milionário antes de chegar aos 26, e, de sachê em sachê de chá, atingiu sua meta. Ele me contou como colhera pessoalmente as ervas que iriam compor seu primeiro chá de ervas saudável, o Mo's 36 Herb Tea, e como expandiu rapidamente sua linha, incluindo o famoso Red Zinger. Siegel fez num carro velho suas primeiras viagens de vendas, visitando lojas e convencendo os donos a estocar seus chás à base de ervas. Ele mergulhou sua empresa no sonho de contribuir para um mundo melhor, dizendo: "Acreditamos que, para fazer deste mundo um lugar melhor para se viver, temos que nos dedicar totalmente à interminável busca da excelência."

Vejamos também o caso de Michael Dell, que começou a montar computadores no dormitório da universidade, partindo da ideia de desenvolver relações diretas com os clientes. Lembro-me de tê-lo entrevistado quando ele tinha apenas 27 anos e suas vendas eram de pouco mais de 2 bilhões de dólares anuais. Sua ilimitada curiosidade e sua capacidade de encarar cada oportunidade de negócios sob um ângulo diferente foram o que mais me surpreendeu.

Dell é um mestre na busca do aprimoramento incansável, invencível e contínuo. Um de seus princípios-chave de administração é um programa de aperfeiçoamento no qual os funcionários são incentivados a tornar a empresa mais eficiente e próxima dos clientes e que dá aos indivíduos de cada equipe o controle sobre a implementação das próprias ideias. Em um documento interno intitulado "A Alma da Dell", percebemos o enfoque na vitória: "Somos apaixonados por vencer em tudo o que fazemos. Estamos comprometidos em manter a excelência operacional, satisfazer o cliente além de suas expectativas, liderar os mercados globais que atendemos, sermos conhecidos como uma grande empresa e um excelente lugar para trabalhar e proporcionar um valor excepcional para os acionistas ao longo do tempo."

Sem se deixar perturbar pela longa sequência de vitórias, o presidente dessa empresa multibilionária exibe uma eterna paixão por ir ainda mais longe: "Ainda há muito a ser feito."

Os sonhos precisam ser cheios de paixão para terem a chance de se tornarem realidade.

QUAL É SUA DEFINIÇÃO DE "VENDER"?

Responda a esta pergunta, por favor: se você estivesse redigindo seu próprio dicionário, como descreveria a palavra "vender"? Seguem-se as definições de alguns altos executivos que participaram da última Conferência de Liderança em Vendas promovida pela *Selling Power.*

- Convencer alguém a entrar em ação.
- O processo de elaborar perguntas esclarecedoras para ajudar um cliente a perceber como satisfazer uma necessidade.
- Processo em que vendedor e cliente percorrem juntos o caminho do entendimento.
- A troca de bens por uma quantia negociada.
- Descobrir uma necessidade e satisfazê-la.
- Uma arte e uma ciência. A ciência consiste em identificar o problema e encontrar a melhor solução. A arte está em estabelecer um relacionamento e encontrar soluções juntamente com o cliente.

Cada líder de vendas presente na reunião tinha uma definição ligeiramente diferente das outras.

Mas por que sua definição de "vender" é tão importante? Porque tudo o que um gerente faz parte dela. Quem acha, digamos, que vender é convencer alguém, em geral contrata vendedores que demonstrem grande capacidade de persuasão. Em um processo de seleção de funcionários, as perguntas feitas por essa pessoa tendem a se concentrar na experiência do candidato em convencer clientes. Em sua visão, o treinamento ideal enfatiza o fechamento do negócio e um bom programa de incentivos se baseia na obtenção de novas vendas – em vez de, por exemplo, na fidelização de clientes. Já um gerente que acredita que vender é construir relacionamentos segue um processo de contratação diferente, projeta um treinamento focalizado em outros pontos e implanta um modelo de recompensas diferenciado. Em certo sentido, a definição de "vender" adotada pelo gerente determina a cultura de vendas da equipe.

Então, o que há de errado nisso? Muita coisa. Nos Estados Unidos, os vice-presidentes de vendas permanecem em média menos de dois anos nessa função. Cada vez que um líder de vendas ocupa o cargo, há uma ligeira mudança na cultura da empresa. Os novos atores trazem as ideias que funcionaram bem nas empresas de onde vieram, um novo sistema de crenças se estabelece, outra definição do ato de vender predomina e logo se inicia um processo de vendas diferente. A antiga maneira de vender é substituída. O problema é que a "nova maneira de vender" trazida pelo líder é, na realidade, a "velha maneira de vender" de outra empresa – não foi testada na nova companhia e não será facilmente aceita pelos vendedores.

A cultura de vendas de uma empresa deve ser um reflexo de sua missão e de sua visão. O ideal é que a chefia crie uma diretriz da cultura de vendas que reflita sua definição de "vender". Esse enunciado deve descrever a experiência que se pretende proporcionar ao cliente e deixar claros os valores por trás desse relacionamento. Pode incluir normas, como a proibição de contratar vendedores dos concorrentes, e delinear o processo básico de vendas.

Ter uma diretriz gera continuidade para a organização, incentiva os novos gerentes a se manterem no caminho já testado para o sucesso e oferece aos vendedores a oportunidade de se superarem, em vez de serem obrigados a mudar só por mudar.

A ciência consiste em identificar o problema e encontrar a melhor solução. A arte está em estabelecer um relacionamento e encontrar soluções juntamente com o cliente.

DESENVOLVIMENTO PROFISSIONAL

PENSAMENTOS DESTRUTIVOS

Assim como não é permitido invadir a casa de uma pessoa e roubar sua prataria, não temos o direito de privá-la da luz e do brilhantismo.

– JULIA MOSS SETON

A recessão gera pensamentos destrutivos? O grande problema de uma recessão não é a queda dos indicadores econômicos, mas a repercussão que tem na mente das pessoas.

Uma rápida análise das pesquisas mais recentes indica que os períodos de recessão econômica estão sempre ligados ao aumento do consumo de álcool, dos problemas de saúde, das fraudes financeiras, dos divórcios, do uso de drogas, do número de pessoas em depressão e até mesmo do índice de suicídios.

No setor de vendas, a autoestima de muitas pessoas sofre quedas diretamente proporcionais à diminuição de suas comissões. Embora elas saibam que não há nada que possam fazer para mudar os números, nem sempre percebem que é possível modificar sua forma de encará-los e voltar a se sentir bem consigo mesmas. Se você estiver desanimado porque o volume das suas vendas despencou, pergunte a si mesmo: "O que é realmente necessário para que eu me sinta bem?" Pode ser que a resposta imediata seja: "Fechar um pedido inesperado." Mas, após pensar um pouco mais, talvez você admita: "Qualquer atitude ou pensamento positivos."

Não permita que os negócios prejudiquem sua saúde. Os números não significam nada; só os pensamentos importam. Não deixe que a queda das vendas o afete a ponto de fazê-lo esquecer que dinheiro não é tudo. Lembre-se de que o importante na vida não é o que você faz ou quanto ganha, mas quem você é.

Uma boa autoestima é o melhor remédio contra a recessão. Ela se fortalece quando você percebe que é a única pessoa no mundo com autoridade para determinar seu valor. Uma autoavaliação positiva pode aumentar sua produtividade em até 100%.

Ao contrário do que pensam muitos gerentes, a verdadeira autoestima não se mede somando as vendas realizadas. E por que não? Simplesmente porque o valor de cada pessoa só pode ser determinado por ela mesma.

Não é a recessão que deprime as pessoas, é o fato de elas se aterem aos números e se apegarem a pensamentos destrutivos.

Mas você pode deter esses pensamentos e abastecer sua mente de positividade. Ações positivas geram atitudes positivas. Pare de andar com a cabeça baixa e não fique se lamentando. Vá à luta. Opte por expandir a mente. Entusiasme-se com as possibilidades.

Experimente fazer isso e você verá como levantar a cabeça o ajudará a elevar as vendas.

Não deixe que a queda das vendas o afete a ponto de fazê-lo esquecer que dinheiro não é tudo.

DIGA A VERDADE

A verdade é o único terreno seguro para se pisar.
– ELIZABETH CADY STANTON

Durante uma conferência nacional de executivos da área de treinamento em vendas, perguntei a diversos participantes se a honestidade era um tópico abordado nos treinamentos oferecidos por suas empresas.

Minha pergunta causou algumas expressões de indiferença, até que a fiz ao diretor de treinamento de uma empresa cujas vendas atingem quase um bilhão de dólares.

Ele explicou que inicia todos os cursos pedindo aos alunos que relacionem os critérios fundamentais para se ter sucesso em vendas.

Cada vendedor costuma indicar um ou dois itens, como "capacidade de fechamento", "iniciativa", "saber lidar com rejeições", "ser um bom ouvinte", etc. Mas a palavra "honestidade" apenas aparece em dois de cada 10 cursos.

"Depois que eles citam 30 ou mais critérios para se ter sucesso", contou ele, "eu costumo perguntar: 'E quanto à honestidade?', e as respostas são do tipo: 'Você está brincando? Um vendedor não pode ser totalmente honesto.'"

Em seguida, aquele diretor, que tinha longos anos de experiência, me explicou como expunha detalhadamente para o grupo as vantagens e desvantagens de ser honesto e os males que a desonestidade pode causar à imagem da empresa.

O falecido senador Sam Ervin Jr., que ficou conhecido depois do caso Watergate, dedicou sua vida à busca da verdade. Uma vez ele me disse: "A verdade não é uma coisa fácil para todo mundo." E emendou, referindo-se ao ex-presidente Nixon: "Como regra geral, as pessoas são responsáveis pelas próprias desgraças."

Talvez possamos traçar um paralelo entre a prática da medicina e o trabalho de um vendedor se analisarmos a diferença entre a imperícia médica e a falta de habilidade em vendas. A imperícia médica nem sempre prejudica o médico – os afetados, via de regra, são o paciente e a companhia de seguros. Mas um erro durante uma venda sempre atinge o prestígio da empresa e prejudica o vendedor, este duplamente: no bolso e em suas chances de sucesso profissional.

Em nossa preocupação com o sucesso, tendemos a ignorar que, assim como o bisturi que salva vidas pode tirá-las, aquilo que dizemos a um cliente pode se virar contra nós. Então, seja sincero. Dizer a verdade é o único seguro contra imperícia com o qual você e sua empresa podem contar.

"Como regra geral, as pessoas são responsáveis pelas próprias desgraças."

O PRINCÍPIO 80/20

Este breve texto também deveria ser assinado pelo Dr. Denis Waitley, já que as observações a seguir surgiram de uma longa conversa que tivemos sobre sofrimento, fracasso e sucesso. Em nossa discussão, encontramos três aplicações novas para o Princípio 80/20, ou lei de Pareto, o economista italiano que formulou a teoria de que 20% das ações geram 80% dos resultados: por exemplo, 20% dos funcionários executam 80% do trabalho em uma empresa.

1. **Sobre o sofrimento necessário para se chegar ao sucesso.** Oitenta por cento das pessoas consideram inaceitável sofrer em nome do crescimento pessoal. Só 20% delas estão preparadas para encarar isso como um processo de aprendizado e um sinal de que há algo que precisam mudar.

   Os 80% que evitam as dificuldades que levam ao autoaperfeiçoamento respondem por 80% de todos os fracassos. Os 20% que enfrentam os problemas, mudam e se aprimoram são os 20% da população que tem sucesso na vida.
2. **Sobre o problema de se evitar o fracasso.** Podemos atribuir 20% dos nossos fracassos à falta de sorte e colocar os outros 80% na nossa conta.

   A noção de que 20% dos infortúnios são obra do destino não significa que devamos dedicar 80% de nossos esforços tentando controlá-los. Se fizéssemos isso, restariam apenas 20% de nossas energias para dirigirmos nossas vidas.

As pessoas bem-sucedidas aplicam sua energia e suas iniciativas em questões que podem controlar e evitam investir naquilo sobre o que não têm nenhum controle.

3. **Sobre o problema de chegar ao sucesso.** A sorte e a ação de fatores externos respondem por 20% das causas do sucesso, enquanto 80% delas se devem a qualidades e habilidades pessoais.

   O fato de o sucesso também incluir uma parcela de sorte leva muitas pessoas a abandonar o desenvolvimento de suas qualidades e habilidades. "Não adianta", dizem elas. "Vencer é questão de sorte." Bem, é verdade que 20% de todos os indivíduos bem-sucedidos foram simplesmente sortudos, mas por outro lado 80% daqueles que venceram na vida se prepararam para chegar ao topo.

Você pode ficar jogando com sua vida na esperança de que o destino venha a salvá-lo ou pode aumentar suas chances de sucesso preparando-se para ele. Meu voto é pela segunda opção, porque acredito que aqueles que se esforçam são sempre recompensados.

20% de todos os indivíduos bem-sucedidos foram simplesmente sortudos, mas por outro lado 80% daqueles que venceram na vida se prepararam para chegar ao topo.

VOCÊ É REALMENTE UM PROFISSIONAL DE VENDAS?

Esquecemos que os grandes estadistas eram profissionais. Lincoln era um profissional da política.

– FELIX FRANKFURTER

Existem mais de 12 milhões de vendedores nos Estados Unidos. Porém, na opinião de alguns dos maiores especialistas em vendas, como Larry Wilson e Tom Hopkins, poucos podem ser considerados profissionais – talvez um em cada 10.

Embora amadores e profissionais possam ter aparência e comportamentos semelhantes, eles são bastante diferentes na forma de lidar com o cliente.

Enquanto os amadores falam com o cliente em potencial, os profissionais o escutam. Enquanto os amadores se concentram no preço e nos descontos, os profissionais se preocupam com as necessidades do cliente e as vantagens que podem lhe oferecer. Enquanto os amadores deixam lacunas, os profissionais fazem follow-up. Em síntese, o vendedor profissional usa seus conhecimentos e qualificações para ajudar outras pessoas, fazendo com que todos saiam ganhando. Enquanto os amadores brigam para ficar com a maior fatia do bolo, os profissionais ajudam a fazer bolos suficientes para todos.

Como resultado, 11 milhões de vendedores amadores nos Estados Unidos vivem modestamente, enquanto 1 milhão de profissionais têm uma situação financeira invejável e o respeito de seus clientes.

A esta altura, você provavelmente está se perguntando: "Como posso sair do estágio de amador?" Começar a agir como profissional é um bom primeiro passo. Só você pode tomar essa decisão. E assim que se dispuser a usar sua energia para aprimorar seus conhecimentos e suas qualificações profissionais, você começará a ter menos problemas causados pela falta de dedicação comum aos amadores.

Muitos vendedores amadores nunca chegam a ser profissionais porque seus interesses na verdade são outros. Um quer ser professor, o outro sonha gerenciar uma loja de antiguidades e um terceiro não passa de um escritor frustrado. A triste verdade é que nenhum deles é um profissional de vendas – ou de qualquer outra área.

As pessoas sempre confundem *trabalho* com *profissão*. Não importa qual seja o seu trabalho, você só terá sucesso quando se dedicar a ele com uma atitude profissional.

Em qualquer que seja a área, ninguém chega ao sucesso sem antes alcançar o profissionalismo.

O vendedor profissional usa seus conhecimentos e qualificações para ajudar outras pessoas, fazendo com que todos saiam ganhando.

MOTIVANDO E RECOMPENSANDO A EQUIPE

Qualquer que seja a obra, uma recompensa adicional torna o prazer duas vezes maior.

– EURÍPEDES

Como você motiva seus vendedores? O gerente de vendas eficiente sabe que dinheiro não é a motivação principal do vendedor; o que conta é o significado.

Se quisermos criar uma equipe de vendas altamente motivada, teremos que gratificar os três pês do vendedor. O primeiro P representa "performance". O bom gerente de vendas reconhece o valor dos resultados e remunera em função da produtividade. Este é o nível básico de motivação, atendendo às necessidades financeiras e de poder do vendedor. Recompense uma boa performance.

O segundo P corresponde a "posição". O gerente de vendas eficiente reconhece o valor da posição do vendedor, oferecendo autonomia e sistemas de apoio que acrescentam importância e maiores oportunidades ao trabalho de cada um. Não fique no discurso do "As coisas só acontecem quando alguém vende algo". Em vez disso, pergunte-se: "O que eu posso fazer para que todos na empresa apoiem a equipe de vendas?" Seus vendedores não precisam de palavras, e sim de ação. Este nível de motivação atende às necessidades de realização do vendedor. Não se limite a defender a posição do vendedor: recompense-a.

O terceiro P é de "pessoa". Reconheça o valor de cada um. Atenda às suas necessidades sociais, à necessidade de se orgulhar de fazer parte da empresa e à necessidade de reconhecimento diante dos companheiros. Considere também quanto o vendedor ficará orgulhoso ao ver sua foto no jornal interno ou ao receber um memorando do presidente da empresa; lembre-se do valor de algumas palavras de incentivo e admiração pelo trabalho benfeito.

A motivação não é uma via de mão única. Ao satisfazer os três níveis de motivação, você perceberá que seu investimento oferecerá um belo retorno. Você terá uma equipe de vendas dinâmica e metas continuamente superadas, experimentando a indescritível sensação de ter contribuído para algo importante.

A motivação assume muitas formas sutis e fala muitas línguas diferentes. Se atender aos três pês da motivação, recompensando a performance, a posição e a pessoa, você também se sentirá motivado.

O bom gerente de vendas reconhece o valor dos resultados e remunera em função da produtividade.

O QUE O CLIENTE ESPERA DEPOIS DA COMPRA

Fica sempre um pouco de perfume nas mãos que oferecem rosas.

– HEDA BEJAR

Quantas vezes você já disse a um companheiro de empresa "Fico lhe devendo uma"? É sabedoria popular que uma mão lava a outra e as duas juntas lavam o rosto. Quando fazemos um favor a uma pessoa, criamos a expectativa de poder um dia também contar com ela.

Embora essa seja uma das verdades da vida, nem sempre é o que acontece quando se trata de vendas.

Trabalhando nesse ramo, você provavelmente acha que, quando oferece algo a mais para fechar uma venda, não só o relacionamento com o cliente se consolida como também ele fica lhe "devendo uma". Talvez você fique surpreso, mas o que acontece é exatamente o oposto. Não importa quanto você tenha se empenhado ou quantas concessões tenha feito, ao fechar um negócio o cliente sempre acha que é *você* quem deve um favor.

O professor Theodore Levitt, da Harvard Business School, escreveu na *Harvard Business Review* que o vendedor fica em desvantagem psicológica depois que fecha uma venda. Segundo ele, "o cliente espera que o vendedor pense na transação como um favor recebido. O vendedor passa a 'dever uma' ao comprador".

Estou certo de que isso é uma grande surpresa para muitos vendedores. Alguns até me disseram que não aceitam essa premissa.

Para eles, as vendas são relações nas quais as duas partes contribuem igualmente. Acredito que essa interpretação pode ser verdadeira sob o aspecto econômico, mas não se aplica à dívida que se instala no relacionamento em decorrência da compra realizada pelo cliente.

Do ponto de vista do cliente, o vendedor ganhou não só um novo negócio como também a comissão incluída no preço. Na percepção dele, provavelmente existam muitas outras pessoas interessadas em vender para ele, que escolheu você. Na questão financeira, nada muda nessa ótica, mas, em termos psicológicos, você sai perdendo. Mesmo que tenha sido quase obrigado a se ajoelhar para conseguir fechar o negócio, você passa a dever um favor ao cliente.

Então, o que pode ser feito para atender às necessidades psicológicas do cliente, agora que você reconhece o problema? Em primeiro lugar, faça todo o possível para mantê-lo feliz. Mande um bilhete de agradecimento, telefone para saber se o produto está funcionando bem e responda a todas as perguntas que possam ter surgido depois da compra. Acompanhe o negócio já fechado como se ele ainda estivesse na fase de negociação.

Um corretor de publicidade muito esperto certa vez me disse: "Eu sempre ajo com meus clientes como se eles fossem os donos da empresa em que eu trabalho – mesmo que a venda já tenha sido fechada. Eles são meus patrões, e me empenho para preencher com muita atenção e um ótimo atendimento o intervalo entre um contracheque e outro."

Mesmo que tenha sido quase obrigado a se ajoelhar para conseguir fechar o negócio, você passa a dever um favor ao cliente.

A SABEDORIA DE DALE CARNEGIE

O curioso numa pescaria é que a gente nunca tem vontade de ir embora. Se pega alguma coisa, não consegue parar. Se não pega nada, detesta a ideia de ir embora sabendo que algum peixe poderia ter fisgado o anzol.

– GLADYS TABER

No último ano, li mais de 200 livros sobre vendas. Entre esses, reli um clássico que devia ser o livro de cabeceira de todo vendedor: *Como fazer amigos e influenciar pessoas*. O que me surpreendeu foi que nenhuma dos outras obras fazia menção a essa verdadeira joia do mundo das vendas, apesar de o livro de Dale Carnegie haver inspirado grandes nomes dos negócios e da indústria.

Embora tenha sido escrito em 1935 (e de lá para cá atualizado e revisado), o livro desmente o mito de que as "velhas maneiras de vender" estão fora de moda. Muitos escritores e conferencistas defendem que a "arte de vender da década de 1990" é muito superior à maneira afetiva e lisonjeira com que antes se costumava lidar com o cliente. E ironicamente se apressam a ensinar alguma técnica supostamente nova, mas que não passa de uma reedição do antigo princípio de Dale Carnegie.

"Vou pescar no Maine todos os verões", escreveu Carnegie em 1935. "Pessoalmente gosto muito de morangos com chantilly, mas descobri que, por algum motivo, os peixes preferem minhocas. Sendo assim, quando vou pescar, não penso naquilo que eu gosto, penso no que os peixes gostam. Não coloco um morango com chantilly no meu anzol. O que eu faço é colocar uma minhoca ou um gafanhoto na frente do peixe e dizer: 'Você gosta disso, não gosta?' Então, por que não usar esse mesmo bom senso quando for fisgar clientes?"

Essa ótima alegoria de vendas foi usada por uma infinidade de autores, que convenientemente a reescrevem e tomam para si os créditos pela "nova" sabedoria.

Embora muitas pessoas tenham imitado Dale Carnegie, ninguém conseguiu igualar seu inesquecível estilo. Sempre prático e totalmente dedicado ao objetivo de influenciar os outros, tinha uma prosa rápida e ilustrava cada ideia com uma breve história, sintetizando o assunto e concluindo com um chamado à ação – como a sua grande regra de vendas: "Leve a outra pessoa a dizer 'sim' imediatamente." Nas palavras dele, "quando a pessoa diz 'sim', a mente se abre, assumindo uma postura receptiva de antecipação".

Então, como você pode conseguir mais respostas "sim"? Utilizando o método socrático. Segundo Dale, "Sócrates fazia uma sequência de perguntas até que, quase sem perceber, seu interlocutor se flagrava chegando a uma conclusão que antes teria desprezado".

Se o método funciona? Com certeza. Embora tenham dito tantas vezes que as velhas maneiras de vender desapareceram, é reconfortante saber que as técnicas de vendas de hoje ainda têm suas raízes no passado.

Quando vou pescar, não penso naquilo que eu gosto, penso no que os peixes gostam.

REFORCE O QUE VOCÊ JÁ SABE E APRENDA MAIS

Paul Galanti, prisioneiro no Vietnã durante quase sete anos, passou numa solitária um tempo que lhe pareceu uma eternidade. Isolado do mundo exterior, as informações a que tinha acesso eram apenas as que chegavam pelas batidas ocasionais que os outros prisioneiros davam nas paredes. Uma pancada significava A, duas significavam B, e assim por diante, até Z. As informações eram repassadas a uma velocidade extremamente baixa. Galanti só ficou sabendo da chegada do homem à Lua dois anos depois do fato.

Por incrível que pareça, a mente de Galanti está melhor do que nunca. Ele consegue recordar todos os mínimos detalhes da sua vida e se lembra também dos nomes e das histórias de todos os outros prisioneiros. Mas quando recentemente almocei com Paul, ele comentou como é difícil se lembrar das coisas numa sociedade diariamente inundada por informações.

Pouco se sabe sobre os efeitos que as informações têm sobre nossos conhecimentos. A respeito disso, a ciência contemporânea desenvolveu a teoria da interferência. Resumidamente, ela defende que a memória tem capacidade limitada e, quando chega a seu limite, para que consiga armazenar novas informações, as antigas são apagadas (interferência retroativa). As recordações, por sua vez, também podem interferir na memorização do que é novo (interferência proativa).

Esse processo é muito semelhante à erosão do solo pela água. Enquanto a erosão da terra tem como causa a correnteza, o desgaste da mente é causado pelas ondas de informação que fazem a maré do conhecimento retroceder.

Façamos um rápido teste para comprovar o que estou dizendo: qual é o nome do prisioneiro de guerra mencionado neste texto?

As informações são como uma moeda: têm duas faces. Um lado é o grande construtor de conhecimentos; o outro, o grande especialista em demolição de lembranças. Como podemos contrabalançar as forças que levam ao esquecimento? Seguem-se seis sugestões rápidas.

1. Dando força à maré do conhecimento: de vez em quando, reveja os assuntos essenciais para você.
2. Reduzindo as ondas de informação: veja menos televisão, leia menos bobagens e priorize qualidade em vez de quantidade.
3. Revisando o que é importante: após cada prospecção, relembre o que aconteceu. A repetição reforça o conhecimento.
4. Descansando um pouco depois de absorver novas informações: dê tempo para que o conhecimento novo seja fixado.
5. Anotando o que você acha que é essencial e que não pode ser esquecido: faça um registro de suas melhores negociações, suas melhores respostas a objeções, etc.
6. Reavaliando a finalidade de se absorver novas informações: o propósito é aprender algo novo ou reforçar o que você já sabe?

Lembre-se de que todos os dias algum conhecimento é apagado de nossas mentes. Não chegamos a ficar preocupados com isso simplesmente porque não nos lembramos mais do que sabíamos antes. Faça algo a esse respeito hoje. Você não detestaria ver seu concorrente se sair bem aproveitando um conhecimento que você deixou de proteger?

O desgaste da mente é causado pelas ondas de informação que fazem a maré do conhecimento retroceder.

VOCÊ MANIPULA SEUS CLIENTES?

Quando os olhos dizem uma coisa e a boca diz outra, o homem experiente confia na linguagem dos olhos.

– RALPH WALDO EMERSON

A manipulação é hoje assunto frequente quando o tema é vender. A maioria dos artigos de revistas, livros e cursos enfatiza a abordagem "não manipuladora", "sinergética" ou "consultiva" às necessidades do cliente em potencial. Parece haver um consenso de que a venda feita através da manipulação é algo do passado. Será?

A palavra "manipulação" tem muitos significados. As definições do dicionário vão desde "movimentos com as mãos, feitos com destreza" até "preparo de medicamentos". Mas vamos atribuir um único significado a esta palavra: "manobra pela qual se influencia um indivíduo, uma coletividade, contra a vontade destes". Isso com certeza seria contraproducente em qualquer situação de vendas, mas a manipulação teria mesmo perdido totalmente seu espaço nesse campo?

Oliver Wendell Holmes disse: "A palavra não é um cristal, transparente e imutável; a palavra é o invólucro do pensamento vivo; pode variar amplamente na cor e no conteúdo, de acordo com as circunstâncias em que é utilizada." As palavras são as ferramentas no mundo das vendas e seu significado muda de acordo com as situações em que são usadas.

O tom da voz, a ênfase e a atmosfera emocional, tudo isso entra em cena quando o vendedor utiliza qualquer sequência de palavras. A maneira como dizemos alguma coisa é frequentemente mais importante do que as palavras que escolhemos. Um estudo feito pelo Dr. Albert Mehrabian revelou que 38% dos sentimentos e opiniões são comunicados por meio do tom da voz, 55% por postura, gestos e movimentos corporais e apenas 7% pelas palavras.

Vejamos uma frase simples: "O que você pensa a respeito disso?" Leia-a três vezes em voz alta, enfatizando palavras diferentes: *o que*, *você* e *disso*. Consegue perceber como os significados mudam de acordo com a ênfase dada às palavras? Que impacto essas variações teriam sobre o cliente? Os grandes vendedores conseguem dizer a mesma frase de diversas maneiras, dependendo do cliente e da situação, manipulando a linguagem de forma a adequá-la ao momento. Mas nunca manipulam o cliente!

Tentar manipular o cliente o transforma num oponente. Mas manipular a si mesmo para se adequar à situação aproxima você do cliente e do fechamento da venda.

O vendedor que tenta usar de manipulação com o cliente quebra as regras do comportamento ético e viola as normas do profissionalismo. O vendedor que habilmente manipula a si mesmo só quebra recordes de vendas.

Tentar manipular o cliente o transforma num oponente. Mas manipular a si mesmo para se adequar à situação aproxima você do cliente e do fechamento da venda.

A SAFIRA DE 1.095 QUILATES

As cores vistas à luz de velas não parecem ser as mesmas durante o dia.

– ELIZABETH BARRETT-BROWNING

Um negociante texano de pedras preciosas chamado Roy Whetstine pagou 10 dólares por uma pedra numa feira em Tucson, no Arizona. O vendedor, que exibia seus produtos em potes de plástico, a havia encontrado num riacho perto de Boise, em Idaho. De acordo com as inúmeras reportagens publicadas sobre o assunto, a insignificante pedra era, na verdade, uma safira de 1.095 quilates avaliada em 2,5 milhões de dólares.

Roy Whetstine contou ter pagado menos do que o vendedor pedira. "Ele queria 15 dólares, mas acabou se contentando com 10", informou Roy aos repórteres. Após a compra, ele procurou um lapidador, que retirou cuidadosamente a camada externa da pedra. O negociante imediatamente percebeu que havia comprado a maior safira até então encontrada.

Roy poderia facilmente se candidatar ao título de comprador mais esperto e mais sortudo do ano, já que encontrou um vendedor que não conhecia o próprio produto. O desavisado catador de pedras deu a Roy o que eu chamaria de "desconto pela ignorância" no valor de 2.499.990 dólares.

Esta curiosa história oferece algumas lições:

1. A ignorância é um convite aberto à exploração.

2. Não importa qual é o seu produto, ele provavelmente vale mais do que você pensa.
3. Em vez de pensar que o cliente sempre tem razão, pense que às vezes é preciso usar a razão ao lidar com o cliente. Existem tantos compradores inescrupulosos quanto há vendedores ardilosos.
4. Uma safira de 1.095 quilates parece uma pedra qualquer para quem está procurando apenas pedras. Se nosso horizonte for limitado, acabaremos obtendo resultados limitados.
5. Quem desconhece o próprio valor acaba sempre tendo que se contentar com menos. Lembre-se de quantas vezes você duvidou de seu potencial e se sentiu tão inútil quanto uma pedra. Quantas pessoas esperam que os outros descubram seu valor?

Esta história é na verdade sobre seu futuro, que pode ser tão sem valor quanto uma pedra comum ou tão admirável quanto uma mina de diamantes, dependendo de quantos quilates você conseguir encontrar e lapidar. Não sabemos com certeza quantos quilates encontraremos em nosso interior e quanto o mercado oferecerá por eles. Mas, se você quiser aumentar suas chances de sucesso, aprimore suas qualificações até atingir o nível da impressionante safira de Roy Whetstine.

A ignorância é um convite aberto à exploração.

USANDO O MÉTODO DE STANISLAVSKI PARA VENDER MAIS

Constantin Stanislavski, um diretor teatral mundialmente conhecido, escreveu um livro igualmente famoso chamado *A preparação do ator*. Além de ser uma das melhores obras de referência para quem se dedica ao teatro, é um trabalho igualmente fascinante para quem quer ser um grande vendedor. Surpreendentemente, o livro apresenta muitas técnicas úteis para quem deseja aperfeiçoar sua performance em vendas.

Stanislavski aconselhava os atores a darem mais vida aos personagens, agindo "como se" o personagem imaginário fosse alguém real. Um dos métodos-chave para acrescentar veracidade à interpretação é perceber que um novo papel não é necessariamente o início de uma nova experiência, mas a continuação de uma experiência anterior.

Em outras palavras, o ator pode representar o novo papel "como se" ele fosse uma repetição de suas experiências reais. Em vista do tremendo sucesso desse método – usado por atores como Robert Redford, Jack Lemmon e Dustin Hoffman –, ele pode até se tornar um poderoso instrumento de orientação para nossos pensamentos, ações e sensações durante uma venda. Escolhendo pressupostos eficientes, podemos influenciar o resultado de uma prospecção. Veja alguns exemplos.

1. Quando apresentar seu produto, aja "como se" ele fosse o mais valioso do mundo. Ed McMahon, por exemplo,

muito antes de se tornar um humorista famoso e apresentador do *Tonight* Show, foi vendedor de canetas-tinteiro nas ruas de Atlantic City. Em sua ambição por estabelecer um novo recorde de vendas, Ed aprendeu a segurar uma caneta-tinteiro como se ela fosse uma verdadeira joia. Isso acrescentava mais vida à sua demonstração de vendas e colocava mais dinheiro em seu bolso.

2. Aja "como se" estivesse entusiasmado quando for se encontrar com seu próximo cliente, mesmo que não esteja. Mary Kay Ash, fundadora da empresa de cosméticos Mary Kay, costuma dizer às suas representantes de vendas: "Ação gera motivação. Se você agir com entusiasmo, logo se sentirá realmente entusiasmada."
3. Quando for realizar sua próxima apresentação de vendas, aja "como se" você fosse o melhor vendedor do ramo. Para dar mais vida ao seu papel, pense nas situações em que se saiu muito bem. Lembre-se da sensação de sucesso e confiança que experimentou naqueles momentos e logo você se tornará o vendedor que tem capacidade para ser.

Um novo papel não é necessariamente o início de uma nova experiência, mas a continuação de uma experiência anterior.

LAPIDAR O DIAMANTE – O VERDADEIRO TRABALHO

Quem considera o próprio trabalho indigno de si não chega sequer a fazê-lo bem.

– ALEXANDER CHASE

Li numa revista de divulgação científica que, na Austrália, para se conseguir 30 gramas de diamantes em estado bruto, são escavadas, em média, 21 toneladas de rocha. Isso me levou a pensar como tudo na vida depende do trabalho duro e da superação dos obstáculos antes que se atinja o glorioso sucesso.

Mas espere um momento! Escavar a rocha e encontrar os diamantes é só o começo: o que se consegue são apenas diamantes em estado bruto. O verdadeiro trabalho, cortar e polir, ainda está por ser feito. A etapa de corte e polimento é delicada e cansativa, e, de acordo com a perfeição com que essa tarefa for executada, o brilhante receberá uma dada classificação, que determinará seu valor.

Praticamente qualquer trabalho inclui dois aspectos: primeiro, a fase de preparação, mais árdua e desbravadora; e, em seguida, a tarefa real. Em vendas, o verdadeiro trabalho começa quando estamos frente a frente com o cliente. Nosso valor será decidido pela maneira como administrarmos a transação e fecharmos o negócio.

Muitas vezes temos dificuldade para aceitar que, para concluir o verdadeiro trabalho, é necessário retirar muitas pedras do caminho. Em consequência, surgem dois padrões de comportamento derrotistas. Um deles nos deixa tão frustrados por ter de remover as pedras que acabamos nos concentrando apenas na tarefa real e esquecendo todo o resto. Dessa forma, nos arriscamos a ser soterrados pelo desmoronamento de um negócio não concluído. O outro é o oposto: a preocupação excessiva com a remoção das pedras nos leva a esquecer o verdadeiro trabalho.

Para solucionar esse dilema, é preciso:

- Admitir que a tarefa real está oculta sob uma pilha de pedras que precisam ser retiradas.
- Buscar o equilíbrio entre a preparação árdua e o verdadeiro trabalho.

Não podemos negligenciar um aspecto à custa do outro. Para nos mantermos motivados, devemos nos lembrar que eliminar os obstáculos para chegar ao desfecho da negociação - não importa qual seja a sua área - é muito mais fácil do que escavar 21 toneladas de rocha para conseguir alguns gramas de diamantes em estado bruto.

A etapa de corte e polimento é delicada e cansativa, e, de acordo com a perfeição com que essa tarefa for executada, o brilhante receberá uma dada classificação, que determinará seu valor.

COLOCANDO AS BOAS IDEIAS EM PRÁTICA

Elmer Leterman escreveu: "Em qualquer atividade, o ser humano pode dobrar sua capacidade de produção da noite para o dia se começar a fazer imediatamente tudo o que sabe que precisa fazer e parar de fazer as coisas que sabe que não deve fazer." De acordo com o pensamento de Leterman, nós mesmos somos os responsáveis por bloquear o caminho que nos levaria ao sucesso.

Ao ler sobre sucesso em vendas, motivação e realização profissional, talvez você perceba que já conhecia muitas das ideias apresentadas, mas nunca as colocou na sua lista de "coisas a fazer hoje".

Por quê? O que nos impede de colocar em prática nossas boas ideias? O que nos leva a esquecer de aplicar as estratégias que nos deixarão mais perto do sucesso?

A resposta está na nossa metodologia de recepção, armazenamento e utilização de dados. Em uma sociedade inundada de informações, somos condicionados a lidar com as ideias como um depósito que opera segundo o princípio "último a entrar, primeiro a sair". Em outras palavras, a grande novidade de hoje provavelmente nem será lembrada amanhã.

O paradoxo dos tempos atuais é que todos nós reclamamos da sobrecarga de informações e, no entanto, estamos sempre querendo saber mais. Sofremos com o excesso de informações e a falta de conhecimento sobre o que fazer com elas. Na verdade, 80% daquilo que lemos, ouvimos ou vemos durante o expediente de trabalho normal é inútil e até contraproducente para a realização de nossos objetivos.

O primeiro passo para resolver esse problema é aplicar à gestão de informações os mesmos princípios que aplicamos à gestão do nosso tempo.

Quem administra com eficiência o próprio tempo sabe que o segredo para estabelecer prioridades é identificar o que é mais importante e mais urgente. A eficiência na gestão de informações exige que determinemos o que é mais útil e que pode ser usado de imediato. Todas as informações que não se enquadrarem nessa categoria devem ser arquivadas ou descartadas. Mas as informações imediatamente úteis devem ser aplicadas no cotidiano.

Um profissional de vendas que já era bem-sucedido aprendeu recentemente uma nova técnica para concluir um negócio. Ele achou o método tão eficiente que o escreveu 12 vezes em sua planilha de planejamento anual para se lembrar, mês após mês, de manter o foco no que é essencial. Em sua definição de como chegar ao sucesso, ele disse: "O progresso não consiste na captação de novas ideias, mas na aplicação mais frequente das que melhor funcionam." Todos sabem que o que conta não é o que sabemos, a única coisa que importa é o que fazemos. Coloque essa ideia em prática.

Em uma sociedade inundada de informações, somos condicionados a lidar com as ideias como um depósito que opera segundo o princípio "último a entrar, primeiro a sair".

A IMPORTÂNCIA DA PERSONALIDADE

Se você tiver algo realmente valioso para oferecer ao mundo, isso se manifestará em sua própria personalidade, essa centelha única de divindade que nos coloca no caminho certo e nos torna diferentes de todas as outras criaturas vivas.

– BRUCE BARTON

Segundo a revista *The Hollywood Reporter*, 80% dos 70 mil atores sindicalizados nos Estados Unidos ganham menos de 5 mil dólares por ano e apenas 3% ganham mais de 50 mil. Ao que tudo indica, o sucesso no cinema é mais difícil do que em qualquer outro ramo. Somente uns poucos atores se transformam em histórias de sucesso. Mas os que são bem-sucedidos nessa área têm salários que ultrapassam em muito os de grandes nomes da indústria e do comércio. Os grandes astros e estrelas de Hollywood ganham bem mais de 100 milhões de dólares por ano.

Por que esses atores são mais bem remunerados que altos executivos? O que eles "vendem" que os outros profissionais não podem oferecer? A resposta é simples: personalidade. Os atores "vendem" suas personalidades únicas, que proporcionam experiências previsíveis e agradáveis aos consumidores. Personalidade, segundo o dicionário Houaiss, é o conjunto de características que distingue uma pessoa. Num mundo em que vendas e marketing predominam, a personalidade nunca sai de moda.

Milhões de dólares são gastos em pesquisas na "busca da personalidade". As empresas querem saber mais a respeito da personalidade dos seus produtos, da personalidade da campanha publicitária mais recente e, claro, da personalidade de suas equipes de vendas e atendimento.

Produtos que não têm personalidade fracassam; promoções sem personalidade não entusiasmam o consumidor; vendedores sem personalidade perdem negócios; e equipes de atendimento que não têm personalidade afastam o cliente.

Ao que parece, o marketing moderno se transformou num rosário de palavras que começam pela letra P: Produto, Preço, Ponto de vendas, Promoção, Pessoas e Personalidade. Então, qual seria um bom lema para quem trabalha em vendas? Simples: Pessoas Persistentes e Produtos Prazerosos Produzem Prosperidade.

Os atores "vendem" suas personalidades únicas, que proporcionam experiências previsíveis e agradáveis aos consumidores.

VÁ ATRÁS DOS CLIENTES DIFÍCEIS!

Muitos vendedores têm sua lista de clientes difíceis. Alguns desses clientes são grosseiros com o vendedor ou o tratam de maneira injusta. Uns criam problemas, colocando o vendedor em uma situação desagradável na empresa. Outros têm o costume de cancelar pedidos, e assim por diante.

Um amigo meu que cobria três estados da Costa Leste havia mais de cinco anos ficou responsável por mais um estado, para aumentar o potencial de vendas de sua área. Depois de percorrer esse novo estado durante 20 dias, ele me mostrou suas anotações sobre a maneira como fora atendido quando contatara as empresas tentando agendar visitas. Ele fizera 176 contatos com donos de empresas, gerentes gerais ou secretárias, pessoalmente ou por telefone. Desse total, 51 clientes não puderam atendê-lo. As 125 prospecções que se concretizaram foram classificadas por ele da seguinte forma:

- Agradáveis ou muito agradáveis: 9
- Amigáveis ou corteses: 31
- Profissionais mas de certa forma frias: 56
- Apressadas: 18
- Pouco amistosas ou mal-educadas: 8
- Canceladas na última hora: 3

Ele constatou que 20,8% dos clientes em potencial haviam sido do tipo "difícil" (apressados, pouco amistosos ou mal-educados) e 44,8% deles tinham se mostrado de certa forma frios. Mesmo tendo conseguido alcançar sua meta mensal para aquela região, ele sentiu que quase dois terços dos clientes eram difíceis.

Não demorou para que elaborasse uma lista negra informal de clientes que considerava difíceis demais para valerem uma tentativa de prospecção. Obviamente, tivemos uma longa conversa sobre a atitude dele em relação aos clientes problemáticos. Ele precisava entender que saber lidar com clientes difíceis oferece grandes vantagens tanto no mundo das vendas como na vida pessoal.

Falei um pouco sobre meu trabalho entrevistando pessoas muito bem-sucedidas e ocupadas. Eu sabia que a maioria delas era classificada como "impossível" por outros jornalistas. Por isso, fiz desse grupo o foco de minha atenção. Em vez de elaborar uma lista negra, relacionei as metas a serem atingidas e, uma por uma, entrevistei as pessoas ditas inatingíveis; muitas até se tornaram minhas amigas. Uma delas, Zig Ziglar, uma vez me disse que "quanto mais você exigir de si mesmo, mais fácil será sua vida". Outro amigo, o Dr. Norman Vincent Peale, mencionou que "todo problema contém a semente da própria solução", e o senador Sam Ervin Jr. explicou (durante uma entrevista "impossível") que "os problemas são o pó de diamantes com o qual a natureza dá polimento às joias".

Para mim, não existem clientes problemáticos: existem apenas amigos mal compreendidos.

Saber lidar com clientes difíceis oferece grandes vantagens tanto no mundo das vendas como na vida pessoal.

MANTENHA O EQUILÍBRIO E SIGA EM FRENTE

Pense como um homem de ação e aja como um homem de ideias.

– HENRI BERGSON

Quais são os dois fatores mais importantes para estabelecer e atingir objetivos? O primeiro é ter metas realistas e mensuráveis. Se quisermos abraçar o mundo com as pernas, acabaremos frustrados. Se não tivermos nenhuma ambição, conseguiremos menos do que nosso potencial permite. O segundo fator é atingir o equilíbrio no dia a dia. O equilíbrio é um dos fatores mais negligenciados do sucesso. Apenas alguns autores chegam a mencioná-lo.

Observe qualquer esporte e pense em quanto o equilíbrio é importante para que um atleta atinja sua melhor performance. No arco e flecha, estabelecer a meta equivale a alinhar a flecha com o centro do alvo. Atingir o objetivo final, no entanto, dependerá da capacidade do arqueiro em manter o controle. Um movimento em falso e ele erra o alvo. O mesmo acontece no golfe, no basquete ou no futebol: a destreza e a potência dependem da capacidade de controlar o próprio corpo para alcançar resultados estáveis e consistentes. O segredo de todos os grandes vencedores está em sua capacidade de atingir e manter o equilíbrio.

Certa vez perguntaram a Joseph R. Canion – ex-presidente da Compaq Computer Corporation, uma companhia que começou com 110 funcionários e chegou a 6 mil em apenas sete anos –

como ele conseguia manter a empresa equilibrada e crescendo ao mesmo tempo. Canion explicou que o processo é muito semelhante à ação de um equilibrista de circo: "Ele precisa avançar e se manter em equilíbrio ao mesmo tempo, e, se tirar os olhos do cabo, pode cair." Em outras palavras, temos que nos manter cautelosos e concentrados enquanto continuamos a avançar.

Quanto mais rápido nos movemos, maior é o medo de perder o equilíbrio e o controle. Já vi esquiadores ficarem paralisados em uma encosta muito íngreme e nadadores profissionais descerem agachados a escada de um trampolim de 10 metros. Antes de se propor um desafio, avalie se ele está ao alcance de sua capacidade atual. Arriscar demais é um erro tão grave quanto não arriscar nada. O equilíbrio perfeito (e a libertação do medo) muitas vezes só é atingido repetindo-se o passado. Esteja sempre disposto a aprender com a experiência de outras pessoas.

Moishe Feldenkrais, um médico israelense especialista em movimentos corporais, encarava o esqueleto humano como um sistema de triângulos. Feldenkrais considera um par de pernas caminhando um triângulo que gera uma sequência de desequilíbrios e equilíbrios. A cada passo, criamos um desequilíbrio que gera um impulso para a frente, que é então interrompido pelo passo seguinte, causador de um equilíbrio momentâneo. Em outras palavras, a criação do desequilíbrio é tão importante quanto a obtenção do equilíbrio.

Para alcançar um objetivo é necessário manter a concentração, gerar desequilíbrio, retomar o equilíbrio e avançar, tudo isso ao mesmo tempo. Parece difícil? Talvez, mas a autorrealização não é para os fracos. Porém, se aceitamos o fato de que ficar parado significa retrocesso e derrota, é infinitamente preferível o risco de continuar avançando.

É POSSÍVEL TER SUCESSO SEMPRE?

A parte mais difícil do sucesso é continuar sendo um sucesso.

– IRVING BERLIN

Durante um seminário apresentado numa convenção de revendedoras de veículos, um dos oradores deu o seguinte conselho aos gerentes de vendas: "Tudo o que vocês têm que fazer para sair de um período de marasmo nas vendas é ensinar seu pessoal a repetir com mais frequência o bom desempenho que eles mesmos já demonstraram."

O orador colocou em cena um problema intrigante: "O que leva os membros da equipe a esquecer suas próprias vitórias e as habilidades que os tornaram grandes vendedores?"

O Dr. Norman Vincent Peale certa vez disse que todo problema contém a semente de sua própria solução. Interpretando a frase por outro ângulo, podemos afirmar que todo sucesso carrega a semente do próprio fracasso. As pessoas tendem a acreditar que o sucesso só pode gerar mais sucesso, mas a verdade é que ele também pode levar à autocomplacência e à arrogância, reduzindo assim o impulso competitivo. E, quando ele chega rápido demais, pode partir com a mesma rapidez. Lembro-me do caso de um vendedor que, em apenas um ano, ganhou 1 milhão de dólares em comissões. Quatro anos depois, ele mal chegou aos 30 mil dólares e perdeu a casa, a família e o amor-próprio. Na época em que ganhou 1 milhão, centenas de pessoas o procuravam, ansiosas por conhecer sua história de sucesso. Passado tão pouco tempo, só os credores tinham interesse nele.

Charles Givens, autor de *Wealth Without Risk* (Riqueza sem risco), uma vez me disse que só depois de perder tudo o que possuía (ele foi da riqueza à miséria duas vezes) percebeu que é mais fácil ganhar dinheiro do que mantê-lo. Parece evidente que atingir o sucesso é muito menos desafiador do que permanecer nele.

Existem muitos vendedores que vencem, ano após ano, o desafio do sucesso contínuo. Um bom exemplo é Zig Ziglar, provavelmente o treinador em vendas mais conhecido nos Estados Unidos nos dias de hoje. Zig se mantém em excelente forma física, escreve um best-seller após o outro, e ainda produz programas de treinamento em áudio e vídeo cada vez mais interessantes. Nos últimos 35 anos, Zig tem sido um modelo de crescimento contínuo e sucesso.

Há três fatores que, em conjunto, fornecem a matéria-prima para perpetuar o sucesso: a conscientização das leis do sucesso, o compromisso com o crescimento contínuo e a disposição para continuar aprendendo e aprimorando suas qualificações.

Erik Erikson caracterizou o conflito básico do crescimento como um embate entre a criatividade e a estagnação. A estagnação leva ao enfraquecimento de nossas habilidades. As pessoas que se deixam estagnar tornam-se tão autocentradas que acabam não querendo ou não conseguindo aceitar novos desafios. Constroem a ilusão de ter "chegado lá" e se acham no direito de serem seguidas e admiradas. A criatividade, por outro lado, é o impulso de renovação, é a ânsia por crescimento e a necessidade de se atingir o próximo estágio. Enquanto a força da criatividade nos faz avançar e crescer, a estagnação interrompe o crescimento e leva à decadência.

Sabemos que há limites para o crescimento, assim como o desgaste de nossas habilidades só pode ser impedido até certo ponto.

As pessoas que aprenderam a dar continuidade ao próprio sucesso souberam ignorar limites e se concentrar nas oportunidades.

Somente quando nos mantemos sintonizados nas novas oportunidades conseguimos percebê-las e aproveitá-las. Um sábio uma vez disse que há apenas uma opção: "Se você quer tocar a vida adiante, é melhor incluir o crescimento em seus planos."

As pessoas tendem a acreditar que o sucesso só pode gerar mais sucesso, mas a verdade é que ele também pode levar à autocomplacência e à arrogância, reduzindo assim o impulso competitivo.

A ESTRATÉGIA EM TEMPOS DE RECESSÃO

Os negócios têm se tornado mais competitivos em muitos setores da economia. Para manter suas empresas à tona, os gerentes exigem cada vez mais relatórios e resultados concretos nas vendas. Tempos difíceis demandam atitudes decididas em relação às oportunidades que surgem. Então, vale a pena recordar as duas estratégias básicas para enfrentar os desafios da vida: a ofensiva e a defensiva. A finalidade da estratégia ofensiva é vencer, a da defensiva é sobreviver.

Vendedores que adotam a estratégia defensiva parecem estar sempre se justificando; respiram fundo a toda hora e contam longas histórias sobre clientes difíceis, objeções incontornáveis e situações que impossibilitam as vendas.

Já os vendedores que agem segundo uma estratégia ofensiva parecem alertas, confiantes e preparados. Eles gostam de contar como ganharam uma conta "impossível", como descobriram um grupo de 50 clientes em potencial e como convenceram alguém a fechar um negócio.

Nos treinamentos de combate, pilotos de caça aprendem que o adversário que dá sinais de ser defensivo evita abrir fogo, porque está mais preocupado em se distanciar da zona de perigo. Os vendedores que tentam atravessar uma recessão adotando a estratégia defensiva se preocupam tanto em manter as contas já conquistadas que tendem a não perceber novas chances de negócios. Eles se dedicam demais aos clientes já conquistados com medo de perdê-los, em vez de enfrentar os desafios e aproveitar as oportunidades que a concorrência na certa já identificou. Sua grande preocupação é aguentar firme e não deixar que o barco afunde.

Manfred von Richthofen, o lendário Barão Vermelho da Primeira Guerra, afirmou que o sucesso só floresce com perseverança incessante e incansável. O primeiro combate que ele venceu deixou registrada em sua mente a característica salvadora de uma estratégia ofensiva rápida. Os vendedores que reagem de forma ofensiva quando o ritmo dos negócios diminui vencem uma batalha após a outra. Eles investem mais tempo em busca de clientes, seu entusiasmo contagia até mesmo o comprador mais desanimado e suas técnicas levam à conquista de novas contas e de maiores fatias do mercado.

A estratégia defensiva é motivada pelo medo, pelo pensamento de que a melhor opção se resume a sobreviver. A estratégia ofensiva anseia pela vitória e não reconhece limites. Não é à toa que o símbolo dos pilotos de caça é a águia.

Os vendedores que agem segundo uma estratégia ofensiva parecem alertas, confiantes e preparados.

O INCRÍVEL PODER DAS IDEIAS

Nada é mais perigoso do que uma ideia quando se tem apenas uma.

– ÉMILE-AUGUSTE CHARTIER

Não existe nada mais animador do que a emoção gerada por uma ideia nova e poderosa. O cientista americano Jonas Salk, que descobriu a primeira vacina contra poliomielite, costumava dizer que, no instante em que uma ideia é anunciada, ela se transforma numa forma de vida com código genético próprio. Algumas ideias têm vida curta; outras crescem constantemente, conquistam ampla aceitação e se mantêm vivas durante séculos. Depois que a ideia nasce, cabe a nós nutri-la ou deixar que se apague.

É por meio de ideias que o homem evolui. Mesmo um simples pensamento nascido de uma mente isolada pode mudar a vida de milhões de pessoas no planeta. Pense na lâmpada elétrica de Thomas Edison, uma invenção revolucionária que hoje beneficia mais de cinco bilhões de pessoas.

Para muitas pessoas, ainda que suas mentes estejam envolvidas em um constante trabalho de visualização, sonho e fantasia, o processo de criação de planos que se traduzam em vendas parece algo misterioso. O vendedor criativo, entretanto, sabe fazer uso dessa poderosa ferramenta. Para tirar o máximo proveito do poder de uma ideia, é preciso avaliar que objetivo se pretende atingir a partir dela. Sem esse questionamento, o pensamento se torna aleatório e acaba por dispersar a energia criativa sem oferecer perspectivas de ganhos.

É possível encontrar em diferentes atividades boas orientações sobre como fazer uma ideia dar frutos. A seguir comentaremos algumas delas.

1. **Pesca.** Muitas das ideias que nos vêm à cabeça acabam desaparecendo rápido se não captarmos logo sua essência. Como um pescador, se quisermos capturar ideias que nos levem a vender mais, precisamos construir uma série de redes. Sua rede de pescar ideias pode ser uma simples agenda na qual você anota categorias como "ideias para descobrir clientes em potencial", "ideias para contornar objeções" ou "ideias para atingir metas". Lance sua rede aonde quer que você vá, pense em possíveis categorias enquanto dirige, consulte especialistas na sua área de atuação, e sua agenda logo se encherá de ideias lucrativas.
2. **Cuidado de crianças.** Se você não der atenção às novas ideias, elas continuarão imaturas e nunca terão força. Por outro lado, se você cuidar, nutrir, expandir e desenvolver uma ideia nova, ela não irá demorar muito a amadurecer. Ideias novas significam mais trabalho, mas levam a ideias amadurecidas, que representam mais ganhos.
3. **Jardinagem.** Depois que uma ideia amadurece, precisa ser plantada nas mentes de outras pessoas. Mas, como acontece em qualquer trabalho de jardinagem, antes que suas ideias venham a florescer plenamente você terá que se conformar com alguns trabalhos monótonos, como arrancar ervas daninhas, aguar as mudas e podá-las conforme forem crescendo.

Alguns vendedores não se dão ao trabalho de captar, nutrir e propagar suas ideias. Sua autoimagem negativa frequentemente os impede de aproveitar conceitos lucrativos que poderiam ajudá-los a crescer. Carl H. Holmes certa vez falou sobre o desafio que é se manter criativo: "Nosso objetivo na vida não é superar os outros, mas a nós mesmos – quebrar nossos próprios recordes, melhorar nossos próprios métodos e trabalhar ainda melhor do que jamais trabalhamos antes." A única forma de alcançarmos essa meta é administrando o incrível poder das novas ideias.

É por meio de ideias que o homem evolui. Mesmo um simples pensamento nascido de uma mente isolada pode mudar a vida de milhões de pessoas no planeta.

JÁ É HORA DE CORRIGIR SUA ESTRATÉGIA DE VENDAS

Quando o pêndulo da economia ameaça parar, uma série de escolhas difíceis nos são impostas. Assim, perguntamos a um número selecionado de gerentes de vendas como eles amenizam problemas inevitáveis em períodos de dificuldades econômicas. Segue-se uma amostra das ideias que coletamos.

1. **Não aposte todas as suas fichas em apenas um número.** Aumente a quantidade de clientes. Tempos de crise são a melhor época para se conseguir novos negócios, porque os clientes estão procurando novas ideias que possam baixar os custos e aumentar a produtividade. Se 80% dos seus negócios vierem de 20% dos seus clientes, talvez você acabe tendo problemas.
2. **Jamais tenha medo de falar em preços logo no começo de uma venda.** Não perca seu tempo com clientes cujas finanças não alcançam seus desejos de compras. Lembre-se: a decisão de comprar é apenas o primeiro passo do fechamento de um negócio. É melhor fechar duas vendas menores do que perder uma grande porque a capacidade financeira do cliente se revelou insuficiente.
3. **Não importa quanto a concorrência seja acirrada, jamais coloque a sua integridade em risco.** Não reduza seus padrões éticos, mesmo que os concorrentes estejam usando truques sujos. Se estiver em dúvida quanto ao que você pode fazer, procure a orientação de um advogado.

4. **Corte a "gordura" do seu orçamento, mas não toque na musculatura necessária para manter o ritmo de suas vendas.** Para cada hora passada em reuniões sobre redução de despesas, invista uma hora no desenvolvimento de novas formas de aumentar as vendas. Se você se concentrar apenas em procurar maneiras de cortar custos, sua equipe nunca terá ideias que possibilitem dobrar as vendas.
5. **Atualize e amplie as formas de cobrança.** Cobre os clientes de forma justa, baseando-se na técnica da cenoura à frente do cavalo. Convença os clientes das vantagens de pagar em dia; mencione os aborrecimentos que isso evita, as vantagens de ter o crédito limpo e as consequências das cobranças judiciais. Seja compassivo e ouça o que eles dizem, mas nunca deixe de exigir o que lhe é devido, não importa o que eles digam.
6. **Tente "reconvencer" os clientes que querem cancelar pedidos já confirmados.** Os tempos difíceis colocam à prova o seu senso de justiça. Desenvolva uma atitude positiva em relação à tarefa de "reconvencer o cliente já convencido". O patrão do seu cliente talvez queira cancelar um pedido já assinado em função de uma nova orientação orçamentária. Salve o negócio convencendo esse patrão das vantagens que seu produto oferece e da necessidade de honrar o compromisso firmado.
7. **Faça concessões se os tempos forem de recessão.** Reformule suas propostas. Será que você não poderia oferecer serviços extras? Alguns produtos ou acessórios a mais? Ampliar a garantia? Conceder mais prazo para o pagamento? Reduzir os juros? Oferecer opções especiais ou um período de experiência mais prolongado? Um curso de treinamento gratuito? Uma visita à fábrica? Um pacote de produtos mais econômico? Um plano de recompra garan-

tida após três anos? Este é o momento de formular ideias de vendas mais criativas!

8. **Monitore a saúde financeira dos clientes já conquistados.** Informe-se sempre sobre seus planos de negócios, suas vendas, seus orçamentos operacionais, etc. Aprenda a procurar os indicadores econômicos claros, como os hábitos de pagamento, as condições de pagamento oferecidas pelo principal fornecedor e o crédito junto aos bancos. Lembre-se: as falências sempre repercutem sobre aqueles que não prestam atenção aos sinais de alerta.
9. **Não se deixe abater pela situação econômica.** Embora não tenhamos controle sobre a economia ou nossos clientes, podemos controlar nossa atitude. Em vez de ficar prestando atenção às notícias ou às pessoas negativas, leia livros ou ouça áudios motivacionais. Exercícios regulares são o melhor remédio para a depressão. Uma rápida caminhada de 20 minutos três vezes por semana é uma excelente maneira de levantar seu estado de espírito.
10. **Rejeite a ideia anunciada pelas autoridades de que "as coisas ficarão ainda piores antes de melhorarem".** Pessoas que mantêm imagens de ruína na cabeça adotam estratégias defensivas. Por outro lado, quem consegue enxergar o sol no horizonte sempre sabe tirar o melhor proveito de cada situação. Enquanto os outros reclamam de que as coisas andam difíceis, essas pessoas usam uma estratégia ofensiva para aproveitar oportunidades que estão apenas esperando para serem descobertas.

A INSEGURANÇA PRIVA VOCÊ DO DIREITO AO SUCESSO?

O homem que teme sofrer já está sofrendo pelo que teme.

– MONTAIGNE

O escritor Anatole France afirmou que "vivemos entre duas nuvens carregadas: o esquecimento do que foi e a incerteza do que será". De tempos em tempos, os acontecimentos mundo afora fazem a nuvem de incerteza parecer maior. Em épocas de nebulosidade, os clientes evitam tomar decisões, cancelam compras programadas e revisam os esquemas de pagamento das mercadorias já entregues. Os vendedores trabalham mais, mas muitos acabam conseguindo menos vendas e ficam desanimados ou começam a temer o futuro.

Como lidar com a força negativa da incerteza? Os tempos em que a confiança geral está em baixa dividem clientes e vendedores. Entre os clientes, 80% deles adiam decisões e esperam que a economia se estabilize antes de darem algum passo importante, enquanto 20% encaram épocas assim como oportunidades de tocar adiante novos planos, ideias e estratégias. No outro grupo, 80% dos vendedores permitem que a incerteza corroa seu senso de propósito, se conformam com o estado de ânimo predominante e começam a duvidar da própria capacidade. Em consequência, perdem negócios e deixam oportunidades valiosas escaparem.

Vendedores assim ignoram o que William Shakespeare escreveu acerca da dúvida: "Nossas dúvidas são traiçoeiras e nos levam a perder, pelo simples medo de arriscar, o que poderíamos ganhar." Por outro lado, 20% de todos os vendedores encaram a incerteza como uma grande oportunidade de buscar e conseguir mais negócios. Sua atitude otimista lhes abre portas, e eles descobrem novos negócios onde a maioria dos vendedores tem medo de procurar.

O que podemos fazer num mercado dominado pela incerteza?

1. Não podemos mudar o mundo, mas podemos nos adaptar a ele. Comece aceitando a incerteza e, ao mesmo tempo, evitando aumentá-la. A aceitação da incerteza interrompe sua multiplicação descontrolada.
2. Não podemos impedir que nossos clientes se sintam inseguros; no entanto, podemos transformar nossa própria incerteza numa atitude de confiança. E confiança é a melhor arma psicológica para ajudar os clientes a se concentrarem em nossas propostas e soluções para os problemas que eles enfrentam.
3. Para maximizar nossas possibilidades de sucesso, podemos pôr mais foco no tempo que passamos vendendo. Algumas ideias rápidas: a) Elimine da sua conversa assuntos como violência, política e catástrofes. Esses assuntos tendem a despertar interesse, mas desperdiçam um tempo valioso e afetam negativamente a atitude do cliente em potencial. b) Caso seu cliente levante um desses assuntos, reconduza a conversa para o negócio que está sendo feito. c) Reduza o tempo dedicado a clientes inseguros que costumam reclamar e adiar eternamente as decisões. Depois de uma reunião com um cliente que suga energias, o vendedor mediano reduz o número de prospecções, mas os grandes jogadores intensificam a busca por novos clientes e realizam mais prospecções. Faça os números trabalharem a seu favor.

4. Não podemos esperar que o cliente saiba o preço da indecisão em épocas de incerteza. É nossa responsabilidade ajudá-lo a enxergar além dos problemas e a restaurar sua visão das coisas. O bom vendedor ajuda o cliente a manter o foco em seus sonhos e a se concentrar num futuro melhor.

Em vendas, a incerteza é um problema que pode ser administrado e um componente normal do trabalho. O maior desafio é impedir que ela contamine nossa atitude. Quanto mais medo sentirmos, mais paralisados ficaremos. Quanto mais aceitarmos a incerteza como um obstáculo a ser superado, mais ela nos ajudará a ir em frente.

Os vendedores que não se rendem à insegurança obtêm vendas e lucros resultantes da falta de atitude dos concorrentes temerosos. A incerteza nos põe diante de uma escolha simples: o que é melhor? Reagir como 80% dos vendedores, que ficam parados no meio do caminho e deixam que os outros passem por cima, ou como os 20% restantes, que mantêm uma atitude positiva e um propósito bem definido, abrindo seu caminho até novas oportunidades? Lembre-se das palavras do Dr. Norman Vincent Peale: "Se você adiar tudo até se sentir seguro, não fará nada!" Vá em frente!

Em vendas, a incerteza é um problema que pode ser administrado e um componente normal do trabalho. O maior desafio é impedir que ela contamine nossa atitude.

O QUE DEIXA SEU CLIENTE FELIZ?

A felicidade é como um raio de sol que a menor sombra intercepta, enquanto a adversidade frequentemente não passa de uma chuva de verão.

– PROVÉRBIO CHINÊS

Poucos dias atrás nosso corretor de seguros veio nos visitar para fazer algumas perguntas sobre as coberturas adicionais oferecidas por uma de nossas apólices. Aproveitei a oportunidade para mostrar a ele duas luminárias externas que eu havia substituído uma semana antes. Uma chuva de granizo havia rachado os vidros de proteção, levando a uma infiltração de água que passara a fazer com que as lâmpadas queimassem uma atrás da outra. Ele me pediu uma cópia da nota fiscal e prometeu se encarregar do problema. Voltou no dia seguinte e me entregou um cheque cobrindo toda a despesa. Fiquei encantado com o atendimento rápido e personalizado e contei o que havia acontecido a pelo menos cinco pessoas.

As tendências econômicas mudaram as atitudes corporativas quanto ao atendimento ao cliente. O velho objetivo de "satisfazer o cliente" não é mais o bastante. A empresa bem-sucedida e globalmente competitiva incentiva e espera que seus vendedores tenham "clientes felizes".

Mas o que deixa um cliente feliz? Seguem-se 10 sugestões retiradas de conversas com gerentes de vendas de empresas que adotam estratégias ofensivas e são líderes nessa nova tendência.

1. Substitua a visão de que seu relacionamento com a clientela se baseia apenas na compra e venda por uma estratégia que priorize a felicidade do cliente.
2. Substitua a antiga reação "Vou ver o que posso fazer" por "O que posso fazer para deixá-lo feliz?".
3. Substitua a velha pergunta "Como posso fechar esta venda?" por "Como posso ser mais útil para este cliente em potencial?".
4. Reduza à metade o tempo que você leva para responder a cada solicitação dos clientes e suas chances de fazer mais negócios quadruplicarão.
5. Dobre o tempo que você passa ouvindo as solicitações dos clientes e suas oportunidades de tornar um cliente feliz quadruplicarão.
6. Dobre aquele "algo mais" que você faz pelos clientes e você quadruplicará as boas referências que eles lhe dão.
7. Pare de ficar esperando uma recompensa concreta cada vez que presta um serviço adicional ao cliente. Uma clientela feliz é o grande resultado de cuidado e dedicação no atendimento.
8. Troque o velho pensamento "O que eu ganho com isso?" pela nova filosofia "Pode contar comigo".
9. Mude aquela velha imagem de que "O mundo é uma selva!" para "O mundo está cheio de oportunidades para deixar meus clientes felizes!".
10. Não esqueça: um cliente feliz nada mais é do que um reflexo da maneira como você gostaria de ser tratado.

OS PERIGOS DO SUCESSO

O sucesso é relativo: é apenas o que podemos salvar da confusão na qual transformamos as coisas.

– T. S. ELIOT

Um dia desses recebi um telefonema de um vendedor que fez o seguinte comentário a respeito da própria empresa: "Fico contente por minha empresa ter enfrentado uma crise. Foi um susto, e tivemos que nos desdobrar e analisar minuciosamente a maneira como vínhamos fazendo negócios. O sucesso não havia nos ensinado nada, mas o fracasso nos ensinou a fazer perguntas mais sensatas. Hoje, nossa equipe é 30% menor, mas nossas vendas estão aumentando!"

Há dois grandes professores na vida. Um deles leciona quando somos bem-sucedidos; o outro, quando fracassamos. O professor que aparece quando temos sucesso reforça o que já sabemos e nos enche de orgulho. No auge da prosperidade, o rei Nabucodonosor disse: "Esta é a grande Babilônia que eu construí com a força do meu poder e para a glória da minha majestade." Como tanta gente próspera, o rei se expressou numa linguagem cheia de "eus" e "meus". Quando a mente é inundada por pensamentos autocentrados, deixamos em segundo plano o que os outros têm a nos oferecer. Escolhemos o caminho que leva à ilusão de onipotência e à sensação de autossuficiência. É nessa hora que pessoas antes consideradas perspicazes e sábias começam a tomar decisões erradas. A lista dos ex-magnatas que perderam tudo o que tinham, publicada pela revista *Forbes*, evidencia esse fato. É em momentos assim que empresas avaliadas como inovadoras, poderosas e dinâmicas começam a perder seu lugar de destaque.

Foi assim que a People's Express desapareceu, que a Ford Motor Company teve milhões em prejuízos com aquisições inadequadas e que a General Motors perdeu participação no mercado. O sucesso pode afastar a vigilância, o empenho e a diligência. E é então que as decisões ponderadas se reduzem, os custos vão às alturas e a produtividade cai. Quando gerentes bem-sucedidos acham que chegou a hora de colher os frutos do sucesso, começam a administrar os recursos da empresa como um bêbado gasta o que acabou de ganhar.

Tempos de crise econômica impõem a moderação a muitas empresas. É o novo professor que entra silenciosamente pela porta dos fundos e começa a fazer perguntas essenciais. Como podemos oferecer mais valor? Como reduzir os custos? Por que não cumprimos o que prometemos? Não haveria um jeito melhor de fazer isso?

Em épocas assim, novas posturas profissionais ganham destaque. Trabalho em equipe e atenção à qualidade e à produtividade despontam; festas no escritório, desperdício e procrastinação saem de cena.

O novo professor fala suavemente. Quando as pessoas esmorecem, ele as faz lembrar quantos estão desempregados. Quando os custos aumentam, ele menciona as estatísticas sobre empresas que foram à falência no ano anterior. Quando alguém fica empolgado demais com uma venda grande, ele chama a atenção: "Grande coisa! Já se esqueceu de Donald Trump?"

Quando uma empresa sobrevive à maré ruim da economia, passa a dar mais atenção ao atendimento que presta, e seus gerentes tendem a ouvir mais atentamente as mensagens que os vendedores captam aqui e ali.

A globalização da concorrência é um dos melhores mestres que a economia teve na última década. O sucesso na aldeia global exige empenho e começa pelo aumento do foco no cliente. Como bem disse um leitor, aconselhando quem planeja melhorar a própria empresa: "Lembre-se: nosso empregador é o cliente!"

O sucesso pode afastar a vigilância, o empenho e a diligência.

O PODER DE VENDAS DO BOM ATENDIMENTO

Servir é bonito, mas somente quando é feito de coração, com alegria e liberdade.

– PEARL S. BUCK

Quando olhei pela janela do 747 da Japan Airlines pouco antes da decolagem para Tóquio, notei que alguns funcionários da empresa aérea haviam formado uma fila na pista e davam adeus para o avião. Perguntei ao comissário de bordo a respeito daquele costume inusitado e ele apontou para duas comissárias que acenavam de volta, explicando em seguida: "Somos todos parte da mesma equipe e nos importamos uns com os outros da mesma forma como nos importamos com nossos passageiros."

Durante o voo de 14 horas, presenciei muitas situações que confirmaram as palavras do comissário. A tripulação se aproximou de maneira amigável, educada e respeitosa de cada passageiro e serviu cada refeição acompanhada de um sorriso radiante. O que mais chamou minha atenção foi que todos na equipe se mostravam interessados em ajudar uns aos outros a atender aos passageiros. Quando tentei me informar, por exemplo, sobre o serviço de ônibus entre o aeroporto de Narita e meu hotel em Tóquio, a comissária a quem perguntei não soube responder, mas uma outra percebeu seu embaraço e veio em seu auxílio. Ela trouxe duas grandes tabelas com horários de transportes terrestres e entregou uma à colega enquanto estudava a outra. Assim, em questão de segundos obtive minha resposta. E as duas tripulantes se mostraram aliviadas por terem cumprido a missão de fazer mais um cliente feliz.

A Japan Airlines é apenas o início das muitas surpresas agradáveis que um cliente pode esperar quando viaja para o Japão. Veja alguns exemplos.

1. A maioria dos hotéis de Tóquio tem recepcionistas que ajudam as pessoas a tomar os elevadores. Bem antes de você se aproximar do elevador, elas apertam o botão, fazem uma saudação e, com as mãos enluvadas, orientam o hóspede e mantêm a porta do elevador aberta até que ele entre. Todas as grandes lojas de departamentos fazem o mesmo.
2. Depois que me despedi de Kiyo Sakaguchi, presidente da Prudential, fui acompanhado por sua secretária até o andar térreo. Ao chegarmos ao saguão, ela me pediu que esperasse um momento e eu quis saber por quê. "Está frio lá fora", respondeu ela. "Aguarde aqui, por favor, até que eu arranje um táxi para o senhor."
3. A viagem de trem-bala é muito silenciosa. Há dois alto-falantes embutidos no apoio para a cabeça e é possível escolher entre seis canais de áudio. Uma recepcionista sorridente traz o cardápio e anota o pedido num palmtop que se comunica instantaneamente com o vagão-restaurante. Em oito minutos, a refeição chega numa bandeja, juntamente com um recibo indicando o número da sua poltrona.
4. Na loja Yodobashi Camera, em Tóquio, o andar térreo foi projetado de forma a tornar a escolha de produtos uma experiência divertida. É possível testar qualquer equipamento na loja. Imagine mais de 300 metros de balcão com uma câmera após a outra, prontas para o seu exame pessoal. Os atendentes ficam atrás do balcão, sorrindo e

> cumprimentando educadamente cada cliente que passa. O visitante é incentivado (mas não pressionado) a examinar as câmeras que quiser. Os vendedores estão prontos a responder a qualquer pergunta, e sua experiência técnica é tão impressionante quanto seu domínio da língua inglesa. Comprei uma lente de zoom e recebi o boleto para assinar acompanhado de um sorriso e um brinde. O vendedor anunciou: "Este pequeno presente é uma forma de agradecer ao senhor por ter comprado em nossa loja."

Tive muitas outras comprovações da disposição dos japoneses em atender com um sorriso e criar uma experiência agradável para seus clientes. Mas o dia que passei com um alto executivo japonês do ramo de seguros foi o melhor exemplo do poder de vendas do bom atendimento que já vi. Sunumu Nakamura é um astro em matéria de vendas, e observá-lo em ação é como ver um grande atleta quebrando um recorde mundial. Nakamura adora o que faz e adora clientes felizes. Ele me contou seu segredo para um bom atendimento citando um velho ditado: "Se você encontrar um emprego que adore, nunca mais terá que trabalhar um só dia na vida." E depois de refletir um momento, acrescentou: "O bom atendimento começa pela excelência interior."

QUANTO VOCÊ SE DEDICA AO SUCESSO?

Walter Cronkite, um dos jornalistas de maior credibilidade da história dos Estados Unidos, disse certa vez: "Não consigo imaginar uma pessoa bem-sucedida que não tenha dedicado tudo o que tem a esse jogo da vida." Pessoas como Cronkite sabem que não se pode vencer 100% sem se dedicar também 100%.

Embora muita gente sonhe em ser bem-sucedida, são poucos os que fazem o necessário para transformar sonhos em realidade. As pessoas encaram seus empregos como nada além de trabalho e ficam admiradas por não terem sucesso. Ser dedicado significa se entregar totalmente a um objetivo sem esperar retorno imediato.

Quem se dedica de corpo e alma ao próprio trabalho não o faz porque é pago para isso, mas porque adora o que faz. Ron Barbaro, ex-presidente da Prudential, disse numa entrevista à *Selling Power*: "Eu adoro o que faço e gosto bastante daquilo que não chego a adorar."

Então o segredo do sucesso seria simplesmente fazer o que se adora e adorar o que se faz? Não, não é só isso. Também é necessário acreditar que a recompensa a longo prazo será o sucesso e a realização pessoal. Talvez você argumente que não é viável investir toda a sua energia no trabalho apenas por conta da fé. Pense na sua vida atual. Buscar o sucesso de maneira desanimada leva você a algum lugar?

Se a resposta for negativa, por que não aumentar suas chances de sucesso por meio da dedicação e da fé? Considere o conselho de Elbert Hubbard: "Faça o seu trabalho de corpo e alma e você terá sucesso: a concorrência será mínima."

Você já notou que as pessoas que não se dedicam a coisa alguma não progridem, nunca mudam e continuam sempre as mesmas, ao passo que as pessoas dedicadas são transformadas pelo sucesso?

O sucesso tende a mudar as pessoas. Nos estágios iniciais, elas ainda podem parecer preocupadas em conseguir mais para si mesmas; mas à medida que obtêm mais sucesso, frequentemente descobrem que dar mais de si pode ser mais gratificante que o dinheiro. Há séculos que a ideia de ajudar os outros tem sido a mensagem fundamental das pessoas bem-sucedidas. O industrial milionário Andrew Carnegie afirmou que "nenhum homem fica rico a menos que enriqueça outros".

O inventor Thomas Edison disse uma vez a um repórter: "Minha filosofia de vida é trabalhar, descobrir os segredos da natureza e utilizá-los em prol da felicidade humana. Não conheço nenhum serviço maior a ser prestado durante o pouco tempo em que permanecemos neste mundo."

O psicólogo Abraham Maslow sugeriu que cada pessoa tem uma hierarquia de necessidades que precisam ser atendidas, desde as básicas, como alimentação e abrigo, passando por amor e autovalorização e, finalmente, chegando à autorrealização. À medida que cada necessidade é atendida, o nível hierárquico imediatamente superior se transforma no alvo de nossas ambições. Maslow afirmou que as pessoas saudáveis e bem-sucedidas conseguem atender suas necessidades de nível mais elevado e se sentem realizadas.

A teoria de Maslow promete a autorrealização, mas também coloca uma antiga questão em foco: "O seu copo está meio cheio ou meio vazio?" Só você pode responder. Mas existe uma nova pergunta por trás da anterior: "E se você pudesse aumentar o tamanho do copo?" Essa ideia foi levantada pelo psiquiatra e psicólogo Viktor Frankl, que afirmou que "a existência humana aponta sempre para algo mais. É o que eu chamo de autotranscendência - superar a si mesmo". O Dr. Frankl sugere que podemos ser mais do que já somos. Podemos transcender nossos antigos "eus", aumentando assim o tamanho do copo. E o grande desafio é encher o copo (e a vida) de significados.

Você já notou que as pessoas que não se dedicam a coisa alguma não progridem, nunca mudam e continuam sempre as mesmas, ao passo que as pessoas dedicadas são transformadas pelo sucesso?

O LADO BOM DE HAVER OBSTÁCULOS

Concentre-se em descobrir seu objetivo e, então, em atingi-lo.
– CORONEL MICHAEL FRIEDSMAN

Um filósofo certa vez comentou que o único obstáculo ao voo veloz e tranquilo da águia é o ar. No entanto, se o ar não existisse e a águia tivesse que voar no vácuo, ela cairia imediatamente no chão. O mesmo elemento que oferece resistência ao voo é condição indispensável a ele.

O maior obstáculo que uma lancha tem que vencer é a água; no entanto, o barco não sairia do lugar se não houvesse essa resistência.

Essa mesma lei – de que os obstáculos são condições imprescindíveis para o sucesso – é válida também em relação à vida humana. Uma vida livre de obstáculos e dificuldades reduziria todas as possibilidades a zero. Os obstáculos nos fazem despertar e nos levam a usar nossas habilidades. Esse empenho nos fortalece. Assim, as dificuldades trazem também uma renovação de nossas forças.

Ed McMahon é um notável exemplo da relação obstáculos/força. Sua fascinante história ilustra como as pessoas que acabam tendo sucesso frequentemente são aquelas que inicialmente enfrentaram mais dificuldades. Ed tem orgulho de ser vendedor. Foi por causa de sua origem humilde que ele descobriu sua capacidade de vender. Sua família se mudava com tanta frequência que ele estudou em 15 escolas diferentes antes de chegar ao ensino médio. Sem chances de manter a proximidade com os amigos, ele se concentrava em fazer novas amizades rapidamente – e hoje é amigo de centenas de pessoas.

Olhando mais de perto as histórias das pessoas de sucesso, quase sempre encontramos um obstáculo incomum, uma decepção amarga ou uma privação no passado. Como o relato de Ed McMahon sugere, não há infortúnio que a força de vontade não possa transformar em vantagem. Dos obstáculos nasce a tenacidade, das decepções surge o crescimento pessoal e das privações brota a vontade.

Alcançar o sucesso significa enxergar os obstáculos que despertam sua força interior.

Uma vida livre de obstáculos
e dificuldades reduziria todas
as possibilidades a zero.

A ESSÊNCIA DO SUCESSO

A vida é uma peça de teatro: o que importa não é a duração, mas a qualidade da representação.

– SÊNECA

Sendo editor da *Selling Power*, entrevistei muitas pessoas de incrível sucesso, que me contaram suas trajetórias para a realização pessoal e profissional. Embora a história de sucesso de cada um seja exclusiva e diferente das demais, existem sete qualidades essenciais às quais a maioria dessas pessoas atribui seu sucesso.

1. **Dedicar-se de corpo e alma ao trabalho.** Pense no que leva você a trabalhar. Se a resposta for dinheiro, você provavelmente está trabalhando pela razão errada. As pessoas que adoram o que fazem se sentem mais satisfeitas, porque não têm vontade de fazer outra coisa.
2. **Estar consciente de que o fruto do trabalho não se colhe todos os dias.** Até mesmo os grandes empreendedores e as melhores equipes enfrentam períodos de improdutividade – mas eles os vencem porque nunca desistem.
3. **Ter um bom raciocínio.** As pessoas bem-sucedidas usam de três formas a capacidade de raciocinar: (a) criativa: para planejar seu futuro; (b) positiva: para aumentar sua motivação; e (c) confiante: para aprender e se recuperar dos contratempos. Quanto mais cedo você começar a pensar com eficiência, mais cedo irá agir e se sentir diferente.

4. **Importar-se consigo mesmo e com os outros.** Os profissionais bem-sucedidos se interessam pelas necessidades dos outros, sem negligenciar as próprias. Exercitam-se com regularidade, seguem uma dieta saudável e cuidam da saúde emocional criando laços com pessoas positivas, lendo bons livros e se empenhando em ajudar aqueles que cercam.
5. **Saber crescer e mudar.** Enquanto as pessoas acomodadas se prendem a um ciclo eterno e repetitivo em suas vidas (evitando mudar, se arriscar, aprender coisas novas e atingir o sucesso), as empreendedoras buscam continuamente níveis cada vez mais elevados, aprimorando suas habilidades de negociar e de se relacionar e comprometendo-se com o aperfeiçoamento e a excelência profissional. Elas entendem que crescer significa sofrer de vez em quando, mas continuam investindo no crescimento porque sabem que não crescer é sofrer o tempo todo.
6. **Assumir a responsabilidade tanto pelas vitórias quanto pelos fracassos.** Os grandes líderes são autores das próprias vidas. Cada dia do livro da vida tem duas páginas. A da esquerda é de autoria do mundo, e não temos influência ou controle sobre ela. A da direita está em branco e é preenchida pelo que optamos por escrever. Os acomodados deixam a página da direita em branco e reclamam da página da esquerda. Os empreendedores escrevem a página da direita e, com o passar do tempo, suas palavras influenciam a narrativa do livro. Enquanto os primeiros experimentam o fracasso, os outros mantêm a determinação que leva à fama e ao sucesso.
7. **Estar convicto de que o sucesso é um processo.** A maioria dos grandes empreendedores acredita que o sucesso resulta de um processo que se pode aprender, atingir e reproduzir.

Para eles, a essência do sucesso é como o código-fonte de um programa de computador, contendo uma longa série de instruções exatas. Cada experiência importante é assimilada como uma lição que os esclarece mais sobre esse código. Algumas lições custam caro; outras são presentes de pessoas que aprenderam com os próprios sucessos e fracassos. Cada dia oferece uma nova oportunidade de atualizar nosso código-fonte do sucesso.

As pessoas que adoram o que fazem sentem-se mais satisfeitas, porque não têm vontade de fazer outra coisa.

QUAL DESSES VENDEDORES VOCÊ CONTRATARIA?

Contratar novos vendedores pode ser um verdadeiro desafio. A partir da minha experiência em vendas, contratação e treinamento de equipes de vendas, cheguei à conclusão de que existem três categorias básicas de profissionais: nômades, defensores do padrão de vida e conquistadores. Essa classificação não é baseada em dados científicos, mas poderá ajudar você na próxima vez que entrevistar um candidato. Segue-se a maneira de identificar as três categorias.

1. **O nômade.** Seu currículo inclui pelo menos cinco empregos diferentes nos últimos quatro anos. Os nômades talvez mencionem que fazem plantão como corretores de imóveis nos fins de semana, ou quem sabe confessem que, se não se derem bem nas vendas, sempre poderão voltar a lecionar (ou a trabalhar como enfermeiros ou qualquer outra coisa). Eles se sentem atraídos pelas vendas porque apreciam o contato com pessoas. Alguns levam jeito para vender e gostam do treinamento, mas, incapazes de fincar raízes, entram e saem de empresas e profissões. Para eles, vender é apenas mais uma forma de ganhar a vida enquanto esperam que seus sonhos se transformem em realidade. Infelizmente, os nômades raramente conseguem mais do que o necessário para sobreviver.
2. **O defensor do padrão de vida.** A estabilidade salarial é a melhor forma de identificar o defensor do padrão de

vida. Quando você percebe que as comissões do candidato variaram bem pouco nos últimos três anos, aí está uma boa indicação de que se trata de um DPV. Uma pessoa assim está mais qualificada para buscar conforto do que soluções.

Os defensores do padrão de vida têm pouca vontade de crescer depois que atingem certo nível de produção. Embora eles afirmem que são competitivos, que encaram as vendas como uma carreira e que adoram o que fazem, seus históricos revelam que eles jamais têm iniciativa ou dão um pouco mais de si e que não estão dispostos a correr riscos. Os DPVs geralmente são pessoas amigáveis e de fácil convívio que detestam apenas duas coisas: mudança e crescimento. O ponteiro do velocímetro do DPV está permanentemente posicionado na "velocidade média", e ele simplesmente adora manter o motor na faixa de menor consumo.

3. **O conquistador.** O currículo de um conquistador raramente chega pelo correio. As informações sobre os conquistadores são transmitidas de boca em boca. Ocasionalmente um currículo pode vir por e-mail ou portador, mas apenas se você o houver solicitado. Os conquistadores levantam informações sobre você e sua empresa e não precisam procurar emprego, porque mantêm os olhos fixos no sucesso e no crescimento.

Embora sejam altamente treinados, os conquistadores estão sempre em busca de autoaperfeiçoamento. Querem estar em empresas que reconheçam seus talentos; gostam de trabalhar *com* (e não *para*) gerentes que respeitam sua independência; têm uma vontade permanente de procurar oportunidades melhores e se colocam à prova enfrentando novos desafios e problemas complicados. Embora os conquistadores sejam naturalmente motivados, um bom mentor pode ajudá-los a se aperfeiçoarem ainda mais.

Um de nossos assinantes me contou recentemente sobre o conselho que deu a uma jovem conquistadora: "Se quiser ter sucesso, seja a primeira a chegar e a última a sair do escritório. Sorria muito e peça mais trabalho ao seu chefe." Cinco anos mais tarde, a moça já era vice-presidente e seu salário anual tinha seis dígitos.

Infelizmente, 80% da equipe de vendas da maioria das empresas é composta de nômades e defensores do padrão de vida; só 20% são conquistadores, mas são eles que fazem a diferença entre subir no pódio e simplesmente chegar ao fim da maratona.

Os conquistadores estão sempre em busca de autoaperfeiçoamento. Querem estar em empresas que reconheçam seus talentos.

AS TRÊS CHAVES DO SUCESSO EM VENDAS

A chave do sucesso não serve para nada até que se descubra a fechadura onde inseri-la.

– TEHY HSIEH

Existem três fatores-chave que são determinantes para se sair bem na competição e manter o sucesso em vendas: conhecimento do produto, habilidades e motivação.

1. **Conhecimento do produto.** O perfil do cliente atual é o de alguém que exige informações mais detalhadas antes de fechar o negócio. Os vendedores precisam conhecer mais do que apenas dados gerais; eles têm que saber onde conseguir informações precisas e como transmiti-las ao cliente da forma mais breve, abrangente e convincente possível. Os dois maiores desafios nessa tarefa são: (a) manter-se atualizado em relação às informações relevantes para o cliente; e (b) manter em dia seu conhecimento das ferramentas de automação das vendas, desenvolvidas para acelerar o processo de comunicação com a clientela. Se quisermos acompanhar o ritmo das mudanças, não temos outra alternativa senão usar a tecnologia para administrar as informações cada vez melhor e com mais rapidez.
2. **Habilidades.** Pesquisas comprovaram que as habilidades de venda adequadas são decorrentes do aprendizado e do treinamento permanentes conjugados à prática. Embora

os vendedores frequentemente digam ter muita experiência, uma análise mais atenta acaba revelando que suas habilidades geralmente não passam da mesma experiência repetida anos a fio.

Os gerentes de vendas eficientes oferecem treinamento e exercitam continuamente as habilidades de sua equipe, para não perderem vendas. Todos os supervendedores estudam, praticam e aperfeiçoam suas habilidades.

Vejamos o caso de Zig Ziglar. Estive com ele recentemente, pouco depois de ele ter dado uma palestra a um público recorde de 16.500 pessoas em Dallas, no Texas. Zig me contou que, embora houvesse feito aquela mesma apresentação uma semana antes em Houston, havia passado quatro horas ensaiando e praticando para se apresentar ali. Por quê? Porque, quando dá uma palestra, ele se dedica 100%. O mesmo conceito vale para nosso desempenho em vendas. Se pararmos de praticar, perderemos nossa vantagem, e não demorará muito para que nosso rendimento diminua. Se pusermos em uso apenas 80% de nossas habilidades, perderemos 20% das oportunidades de venda.

3. **Motivação.** O que torna a motivação um desafio tão grande é que os vendedores raramente têm consciência da falta dela. Eles com frequência afirmam estar tudo bem, quando na verdade precisam de um elogio ou de uma palavra de incentivo. Desmotivado, nem mesmo o mais habilidoso e brilhante vendedor consegue vencer, mas com motivação se desenvolvem qualidades positivas como entusiasmo, confiança, persistência, determinação e disciplina.

A motivação do vendedor é como a raiz de uma planta: não pode ser vista, mas representa seu passado e seu alicerce. Cabe ao gerente de vendas ajudar o vendedor a criar raízes mais profundas (uma autoimagem mais positiva). Da mesma forma, o gerente deve orientar sua equipe para que atinja metas desafiadoras, sempre oferecendo recompensas adequadas. Assim como as plantas florescem, a maioria dos vendedores tem grandes possibilidades de atingir níveis de sucesso gloriosos.

A motivação do vendedor é como a raiz de uma planta: não pode ser vista, mas representa seu passado e seu alicerce.

VOCÊ PLANEJA O SUCESSO?

O plano que não admite mudanças é um plano ruim.

– PÚBLIO SIRO

É grande o número de pessoas que preferem trabalhar a planejar, e muitos de nós, incluindo altos executivos de grandes corporações, elaboramos apenas planos de curto prazo. No entanto, o planejamento tem um papel importante na maneira como nossa vida evolui. Enquanto algumas pessoas se concentram apenas em fazer o que gostam, as bem-sucedidas usam o poder do planejamento para garantir prosperidade e crescimento, prevendo a cada ano como expandir o sucesso já alcançado.

Peter Drucker, considerado um dos grandes nomes atuais na administração de empresas, comentou a maneira como um gerente deve desenvolver planos de longo alcance: "Ele precisa trabalhar arduamente e manter os olhos no horizonte... Precisa não só se preparar para atravessar as pontes ainda distantes, como também construí-las quando não existirem. E, se ele não atentar para os próximos 100 anos, não haverá os próximos 100 anos – talvez não haja nem mesmo os próximos cinco anos."

Dados fornecidos pela Dun & Bradstreet informam que a expectativa de vida média das empresas norte-americanas é de apenas 12 anos e, de acordo com um estudo feito pela Massachusetts Mutual Life Insurance com 614 empresas familiares, somente 8% delas chegam à terceira geração. A pesquisa revelou que a longevidade das companhias depende amplamente de seu planejamento estratégico, comercial e sucessório. William O'Hara, diretor do Instituto para Empreendimentos Familiares do Bryant College, de Rhode Island, comentou o fato na revista *Small Business Reports*: "Três quartos das empresas não fazem o planejamento necessário para garantir seu futuro."

Mas o que não gostamos em relação ao planejamento? A resposta é simples: muitos planos dão errado. E o que a maioria das pessoas faz quando os planos fracassam? Desistem, o que é a pior decisão a se tomar. Quando um plano não dá certo, é preciso refazer o planejamento, não mudar de objetivo.

O escritor Victor Hugo também defendia o planejamento: "Quem planeja a cada manhã o que fará durante o dia e segue esse plano se orienta por um fio que o guiará pelo labirinto da mais atarefada vida. A organização do tempo para essa pessoa é como um raio de luz que permeia tudo o que ela faz."

Se você perceber ao fim de um dia que o plano elaborado na noite anterior não se concretizou, sente-se e trace um plano novo e melhor para o dia seguinte, mas nunca desista de seus objetivos. Os planos podem não ter dado certo porque não se adaptaram às circunstâncias. O general Patton escreveu em *A guerra que eu vi*: "Não é possível planejar e depois tentar fazer as circunstâncias se adaptarem aos planos. O que se tenta fazer é traçar planos que se adaptem às circunstâncias." Independentemente do que ocasionou o fracasso de um plano, é preciso desenvolver planos melhores.

Há pessoas que têm medo de se comprometer com planos grandiosos. Não se atrevem a testar suas qualificações e a desafiar o destino. Entre todos os profissionais, é nos arquitetos que vejo a maior tendência a planejar grandes feitos, muitas vezes a longo prazo. Daniel Burnham, famoso arquiteto inglês, afirmou na Conferência de Planejamento da Cidade de Londres realizada em 1910: "Não façam planos modestos; eles não têm a magia que agita o espírito humano e provavelmente nunca serão concretizados. Façam grandes planos, tenham muita esperança e trabalhem, lembrando que, uma vez traçado, um nobre esquema lógico nunca morrerá, mas continuará vivo muito depois que partirmos, reafirmando-se com insistência cada vez maior. Lembrem-se de que nossos filhos e filhas farão coisas que nos deixariam surpresos."

Quem não planeja o futuro trabalha demais a vida toda e, em geral, nunca tem nada que justifique tanto trabalho. Vá em frente e planeje um ano melhor. Elabore planos ousados que um dia surpreendam seus netos.

**Quando um plano não dá certo,
é preciso refazer o planejamento,
não mudar de objetivo.**

AS VENDAS ESTÃO MUDANDO – CADA VEZ MAIS DEPRESSA!

Quando me perguntam como controlar as mudanças pelas quais as vendas estão passando, eu respondo que existem dois tipos de mudanças que os executivos de vendas precisam vigiar: as que ocorrem dentro da própria empresa e as que acontecem no mundo dos negócios. Vamos comentá-las separadamente.

As empresas atravessam três estágios importantes à medida que crescem. O primeiro estágio é o do pioneirismo, quando os vendedores são verdadeiros desbravadores de terras desconhecidas. O desafio então é se manter motivado e acreditando em um futuro de sucesso. Em seguida vem o estágio do poder, quando as vendas dobram, a demanda supera a oferta e todos se sentem autoconfiantes e invencíveis. O maior desafio aqui é não esquecer que quem manda é o cliente. O terceiro estágio é quando a empresa atinge um platô onde os novos produtos lembram os anteriores, a criatividade diminui e se gasta mais tempo analisando do que agindo. Nesse estágio, o grande desafio é lembrar que os vendedores podem fazer uma enorme diferença, mas têm que mudar (assim como a organização para a qual trabalham).

Na fase pioneira, temos que adaptar as abordagens de vendas às necessidades de um mercado pouco conhecido. Na fase do poder, é preciso mudar para atingir um nível maior de profissionalização. E na fase do platô, é necessário adaptar a organização das vendas de forma criativa para melhorá-la – ou então perder a guerra.

Uma forma adequada de se observar as mudanças que ocorrem no mundo dos negócios é analisar a evolução do automóvel, desde os primeiros modelos até os mais atuais. Seguem-se alguns princípios fundamentais que não mudaram: o volante ainda é circular, os carros ainda têm freios, continuamos usando o motor de combustão interna e todos os automóveis têm quatro rodas. Mas quase todo o restante mudou.

Os princípios fundamentais das vendas não mudaram desde que os vendedores da Ford começaram a falar das vantagens dos automóveis sobre as carroças. O vendedor ainda tem que encontrar clientes, identificar suas necessidades, ajudá-los a encontrar soluções e convencê-los a comprar. A necessidade do contato humano e pessoal será eternamente o elemento motriz do processo de vendas. Mas tudo mais está sujeito a mudar.

Voltando à analogia automobilística: a direção hidráulica é mais eficiente que a mecânica, os airbags aumentam a segurança, os motores maiores permitem maior velocidade, os freios ABS dão mais estabilidade durante a frenagem e o controle automático da tração facilita o tráfego em áreas de pista escorregadia ou acidentada. O resultado disso tudo é que os automóveis hoje são mais rápidos, seguros, potentes, confortáveis e agradáveis de se dirigir. Essas mudanças foram impulsionadas por um grande objetivo: aumentar a satisfação do cliente, que é a melhor forma de se vender mais.

À medida que a tecnologia foi mudando e aperfeiçoando automóveis, telefones e computadores, a profissão de vendedor também foi se transformando e sendo aperfeiçoada. Hoje em dia, os vendedores movimentam informações mais rapidamente, oferecem mais opções e mais valor ao cliente – sem que este precise pedir – e adaptam o processo de vendas às necessidades de cada comprador. Para continuar vencendo, é imprescindível continuar melhorando e mudando. Os negócios prosperam por meio de mudanças, e, se elas não acontecessem, o progresso seria impossível.

Quinze anos atrás, eram poucos os vendedores que usavam o computador como ferramenta de vendas. Hoje, mais de 75% dos leitores da *Selling Power* estão planejando comprar um notebook do último modelo. Cinco anos atrás, quase não se ouvia falar de cursos de nível superior na área de vendas. Atualmente, existem entidades que oferecem esses cursos. Por quê? Porque as empresas querem, os clientes exigem e muitos vendedores se empenham em ser profissionais melhores.

Na visão de nossa empresa, o lucro líquido depende da qualidade e da rapidez com que se executam as mudanças. No mundo dos negócios, mudar é a própria essência do progresso. Uma vez que a velocidade das mudanças está aumentando em toda parte, é melhor se acostumar a elas. O ex-primeiro-ministro britânico Harold Wilson disse certa vez: "Aquele que rejeita as mudanças é arquiteto da ruína. A única instituição humana que rejeita o progresso é o cemitério." É lá que descansam em paz os vendedores de outrora, que fumavam charutos, contavam piadas e davam tapinhas nas costas do "freguês".

No mundo dos negócios, mudar é a própria essência do progresso.

OBSERVE AS ÁGUIAS

Não enxergamos a natureza com nossos olhos, mas com a mente e o coração.

– WILLIAM HAZLITT

Comprei recentemente um caiaque para explorar as margens do rio Potomac, que passa perto da minha casa. Desde então, não há um fim de semana em que eu não descubra novos riachos, diques construídos por castores e uma abundância de vida selvagem – patos, gansos, cisnes, águias-pescadoras, garças e veados. Certo fim de semana, quando enveredei por um pequeno riacho, pude avistar uma corça tentando cruzá-lo com água até os flancos. Já vi também dezenas de tartarugas tomando sol nas margens lamacentas do rio e uma águia-de-cabeça-branca pegando um peixe.

É maravilhoso observar a natureza em sua forma mais pura e, para mim, a visão mais bela é a águia-de-cabeça-branca. Em um sábado, remei cerca de 20 quilômetros num dos riachos afluentes e vi 11 dessas águias. Sua grandeza me inspira respeito.

Ao levantar voo, a águia-de-cabeça-branca usa cada músculo e cada pena do corpo para conseguir o máximo de força e velocidade. O alcance de sua visão é incrível e, quando caça, é a eficiência em ação. Ela mira sua presa e não a perde de vista até conseguir pegá-la.

Embora existam muitas águias em nossa sociedade, elas não são tão facilmente percebidas quanto as águias-de-cabeça-branca.

Considero a águia um símbolo de algumas qualidades que todo ser humano deveria ter: entusiasmo e exuberância perante a vida, agressividade frente aos problemas, autenticidade e nobreza no trato com o mundo, capacidade de prestar atenção e aprender e, finalmente, empenho e eficiência naquilo que se faz.

Recomendo a todos que aprendam com as águias: estudem seus hábitos, absorvam suas lições e apliquem suas habilidades no dia a dia. Alce voo agora, abra suas asas e sinta seu espírito se erguer enquanto observa o mundo do alto.

NÃO SE DEIXE ABATER PELA SITUAÇÃO ECONÔMICA

Para pôr alguém em ação, precisamos perturbar seu equilíbrio.

– ERIC HOFFER

Um dos meus amigos, gerente de uma concessionária de automóveis, estava reclamando recentemente da queda que as vendas vinham sofrendo. Enquanto ele me mostrava os números, olhei por cima do seu ombro e observei o que estava acontecendo no showroom e no pátio da loja.

Embora não houvesse um mísero cliente à vista, havia cinco vendedores esperando que entrasse algum. Um deles examinava o jornal local; outro se concentrava na revista *Sports Illustrated*; o terceiro e o quarto observavam o tráfego na rua e o quinto estava simplesmente sentado com o olhar perdido.

Meu amigo comentou que os negócios nas concessionárias concorrentes também haviam diminuído e mencionou os dados de diversas montadoras, que indicavam uma tendência à queda nas vendas de automóveis.

Fiz a pergunta óbvia: "Se os negócios estão parados, por que o seu pessoal não está no telefone? Por que não estão ligando para os clientes antigos, em vez de ficar esperando que algum apareça?"

Aparentemente surpreso, ele disse: "É verdade. É o que eles deveriam estar fazendo. Mas por que deveria ser eu a lembrá-los disso? Por que será que eles não conseguem pensar por conta própria?" E eu respondi: "Porque cabe ao gerente saber o que fazer e como fazer. Se você lhes disser que quer vê-los telefonar para uns 40 clientes por dia e lhes entregar um bom roteiro, eles passarão o expediente inteiro ao telefone fazendo ligações. Eles seguirão as suas orientações. Agora, se você ficar esperando que eles tomem a iniciativa, nada vai acontecer."

Como seus vendedores reagem à queda das vendas? Seguem-se cinco sugestões para evitar a diminuição do rendimento quando a economia está em marcha lenta.

1. **Vale a pena ser persistente.** Os gerentes de vendas que estabelecem altos padrões quanto à persistência não deixam que seus vendedores sigam a lei do menor esforço. A atitude da equipe é determinada pela atitude de seu gerente. Se sua postura for "vamos insistir" e "a recessão que nos desculpe, mas não queremos nada com ela", sua equipe acabará vencendo.
2. **O que interessa não é saber para onde a economia está indo, mas para onde *você* está indo.** Se você tiver metas bem definidas, aceitar que são necessárias várias prospecções para se fechar um negócio e fizer todo o possível para chegar aonde deseja, se sairá bem em qualquer ciclo da economia.
3. **Aumente a motivação para vencer.** Institua um programa de incentivos de curto prazo, para recompensar o esforço adicional. Você perceberá rapidamente que a economia não é impulsionada pela taxa de juros do Banco Central, mas pelo empenho dos gerentes em motivar suas equipes.
4. **Volte aos fundamentos.** Nada estraga mais uma equipe de vendas do que o sucesso. Caso o último ano tenha sido excelente, aposto que seus vendedores já estão pulando algumas etapas vitais do ciclo de vendas. Eles podem estar esquecendo de justificar os preços, encurtando as apresen-

tações do produto ou usando estratégias fracas para fechar o negócio. Se as vendas caíram, é hora de retomar o treinamento e refrescar a memória de seu pessoal.

5. **Seja mais criativo.** Os vendedores têm necessidade de novas ideias quando os negócios esfriam. O bom gerente de vendas sabe que é dos problemas que brota a criatividade. Programe uma rápida reunião semanal para um brainstorming. O objetivo é melhorar cada processo individual da sua organização de vendas. Quando os negócios começarem a se arrastar, "engate uma segunda" recorrendo à criatividade. Bastarão algumas ideias criativas para que sua equipe retome a velocidade máxima.

Cabe ao gerente saber o que fazer e como fazer.

QUE TIPO DE MENSAGEM VOCÊ TRANSMITE AO CLIENTE?

É preciso encarar cada apresentação como um pequeno espetáculo.

– JOHN CLEESE

Qual é o maior obstáculo entre você e o cliente em potencial? Pode ser que as mensagens que você transmite para fechar uma venda não estejam sendo claras. Os clientes em potencial não conhecem você, sua empresa ou seu produto. Talvez não estejam entendendo sua mensagem e não se interessem por sua proposta.

Em 1888, quase ninguém tinha ouvido falar em George Eastman, fundador da Kodak e inventor do filme fotográfico. Pouquíssimas pessoas entendiam de fotografia e menos ainda conheciam a empresa de Eastman. No entanto, ele revolucionou as vendas utilizando um slogan singelo e irresistível: "Você aperta um botão e nós fazemos o resto."

Desde então, os avanços tecnológicos deram origem a uma avalanche de produtos e informações. Os clientes de hoje são bombardeados com tantas mensagens que aprenderam a apagá-las com uma rapidez jamais vista.

Pesquise empresas que recorrem à mala direta e você descobrirá que o número de clientes que respondem a ela cai a cada ano. Cálculos estimam que mais de 99% de toda a correspondência desse tipo vai das caixas de correio direto para o lixo. Pergunte a um gerente de vendas e ele lhe dirá que 90% dos clientes em potencial ignoram as tentativas de fechar negócio feitas pelos vendedores. Pergunte a si mesmo quantas apresentações de vendas sua equipe fez e quantas resultaram em negócios fechados. Consulte gerentes de marketing e eles informarão que 60% de todo o material que oferecem é ignorado pelos vendedores.

Por que a maioria das mensagens parece não estabelecer contato? Porque aparentemente somos melhores em criar novos produtos do que em criar mensagens de venda claras e cativantes.

O que faz uma mensagem ser assimilada? O primeiro autor a escrever sobre o sucesso das mensagens foi Elmer Wheeler, em 1937. Seu livro *Tested Sentences that Sell* (Frases testadas que vendem) revelou as experiências do autor com mensagens de venda e o impacto que elas têm sobre os compradores em potencial. Wheeler usou expressões como "palavras carnudas" (nas quais o cliente pode "cravar os dentes") e "palavras aguadas" (que têm pouco impacto). Em seu trabalho, constatou, por exemplo, que o garçom que, em vez de perguntar se o cliente quer uma bebida para acompanhar a refeição, diz "O senhor gostaria de vinho tinto ou branco para acompanhar seu jantar?" dobra sua venda de vinhos. As vendas hoje estão mais ancoradas na escolha de palavras do que na seleção de produtos.

Cada mercado tem sua própria linguagem, seus próprios jargões e segredos que os vendedores precisam conhecer. Cada cliente vive num mundo diferente, regido por interesses, percepções e preferências próprios. Enquanto as percepções do presidente da empresa se concentram no futuro, na estratégia e na eficiência, os interesses do diretor financeiro giram em torno do fluxo de caixa e do retorno sobre o investimento. Para penetrar na cabeça do cliente em potencial, a mensagem de vendas precisa refletir a linguagem do mercado, as preferências do cliente e os desafios da empresa.

VOCÊ ESTÁ SE SENTINDO ACUADO?

As dificuldades devem estimular, não desanimar. O espírito humano se fortalece com o conflito.

– WILLIAM ELLERY CHANNING

Quando a economia fica desaquecida e os diretores-executivos contêm as despesas, os gerentes de vendas veem seu caminho se encher de obstáculos que frustram toda a equipe. Seguem-se seis estratégias para escapar desse quadro, sugeridas por grandes administradores.

1. **As verdadeiras oportunidades são mais difíceis de identificar.** A maioria dos gerentes de vendas orienta seus vendedores a explorar as oportunidades oferecidas por empresas que estão num bom momento. Mas o que frequentemente acontece é que os vendedores não sabem aproveitar muito bem essas oportunidades. Por quê? Porque o poder de decisão migrou mais para cima e os vendedores suam a camisa para fazer contato com os executivos do alto escalão. Uma solução possível é reunir esses executivos em uma mesma apresentação.
2. **As verdadeiras soluções são mais difíceis de justificar.** Os vendedores com frequência oferecem soluções que poderiam fazer maravilhas pelo cliente. O único problema é que o cliente não vê vantagens suficientes para que ele faça a compra. Por quê? Porque muitas empresas ainda estão

em ritmo de contenção de despesas e nem se atrevem a pensar além do trimestre em curso. Passe mais tempo nas primeiras fases de uma prospecção avaliando os pontos fracos do cliente. Peça a ele que atribua um valor monetário a cada ponto que o incomoda e justifique sua proposta tendo como base os números fornecidos por ele.

3. **As relações amigáveis nem sempre são produtivas.** Alguns vendedores se esforçam para fazer de cada prospecção uma experiência agradável. Depois ficam surpresos quando um concorrente acaba efetuando a venda, deixando-os de mãos vazias. Por que isso acontece? Porque alguns vendedores sentem uma intensa necessidade de aprovação, e isso os impede de fazer algumas perguntas que nem sempre são agradáveis mas que fariam o negócio avançar em direção ao fechamento e ajudariam o cliente a tomar uma decisão favorável. Oriente os vendedores a mudar do estilo "ele é meu amigo" para o estilo "minha comissão sai do bolso dele". Se essa estratégia não der certo, transfira o vendedor para o serviço de atendimento ao cliente.
4. **Com as vendas em queda, fica mais difícil não fazer concessões a clientes difíceis.** Mesmo quando dizem que todas as vendas são importantes, alguns gerentes de vendas esquecem de levar em conta o tempo e as despesas que o fechamento de alguns negócios exige. A solução é orientar com clareza os vendedores sobre quando dizer não a um cliente.
5. **É mais difícil ter boas ideias quando os negócios estão em baixa.** Embora seja fácil dizer que é dos problemas que nasce a criatividade, os vendedores frequentemente se sentem pressionados demais a apresentar novas ideias para estimular as vendas. Por quê? Porque eles costumam acre-

ditar que já tentaram tudo o que podiam. Reúna os melhores vendedores e elabore uma relação de todas as boas ideias que deram certo para eles. Feito isso, peça a eles que atuem como mentores da equipe de vendas.

6. **Quando as vendas caem, os vendedores ficam confusos em relação ao que se espera deles.** Por quê? Porque quando as coisas estão difíceis, os vendedores ficam mais preocupados quanto a seus empregos e comissões. Não aumente o estresse esperando mais do que eles podem dar ou fugindo de suas responsabilidades como líder. Ofereça uma visão clara do futuro e elabore um plano sólido que leve a novas oportunidades. Uma equipe respeita o líder que é realista ao estabelecer metas e colocá-las em prática.

VENDAS BASEADAS EM INFORMAÇÃO

Ninguém sabe o suficiente, mas muitos sabem demais.
– MARIE VON EBNER-ESCHENBACH

A maior queixa de muitos gerentes é de que os antigos métodos de vendas não funcionam mais. Porém, existe uma série de empresas que desfrutam vendas e lucros cada vez maiores. Qual é o segredo delas? Essas empresas criaram bancos de dados internos que ajudam seus clientes a administrar o próprio negócio. Elas descobriram que as informações comerciais adequadas são frequentemente o fator decisivo na compra de um bem ou serviço.

Um vice-presidente de vendas me disse recentemente: "A informaçao mudou a maneira como vendemos e aquilo que vendemos." Pense nisto: informações adequadas são a própria essência de todas as decisões gerenciais. Elas determinam a maneira como estabelecemos contato com o cliente. A qualidade desse contato se articula no universo de informações da empresa e no modo como ele pode ser usado em benefício dos negócios do cliente.

Veja o caso da UPS, por exemplo. No passado, os vendedores da UPS ofereciam serviços de entrega. Hoje, o vendedor da UPS é um consultor no qual o cliente confia para diagnosticar suas necessidades e oferecer soluções que otimizem seu negócio. Essas soluções podem incluir organizar estoques, gerenciar suprimentos, administrar *call centers*, controlar atividades como armazenamento, embalagem, despacho, faturamento e cobrança e até fornecer crédito. Embora os clientes da UPS ainda possam ver as vans marrons entrando e saindo de seus depósitos, o verdadeiro valor que a UPS oferece é constituído pelas informações comerciais e pela consultoria que presta às empresas.

Outro caso semelhante é o da SAP. No passado, seus representantes usavam apresentações personalizadas para oferecer softwares de soluções empresariais a gerentes de tecnologia da informação. Cada apresentação consumia dias sendo elaborada. Atualmente, além de ter diminuído as etapas em cada transação, a SAP consegue se conectar com os clientes sem interrupções, independentemente da linguagem ou da tecnologia exigidas. Como? A equipe de vendas tem acesso a um site de marketing e vendas em sua intranet que apresenta as mensagens dos clientes segmentadas por ramo de atividades, nível de experiência e tamanho da empresa. Com apenas alguns cliques, o vendedor consegue elaborar uma apresentação personalizada com os principais interesses do cliente e gravá-la num CD. Os vendedores da SAP podem se sincronizar facilmente com as necessidades de informação do cliente em potencial e decidir com mais rapidez como implementar cada solução. Afinal de contas, todo mundo adora comprar de um vendedor capaz de oferecer informações relevantes e precisas com rapidez.

Talvez tenha chegado a hora de você reorganizar seus bancos de dados de forma a fazer com que o cliente conheça a sua empresa e enxergue o que você tem a oferecer à dele. O interesse hoje não é mais apenas naqueles que desenvolvem o melhor produto, mas nos que têm as informações mais úteis.

Informações adequadas são a própria essência de todas as decisões gerenciais.

SUA EMPRESA TEM UMA CULTURA DE VENDAS?

Se um homem tiver presença de espírito e for autêntico, sábio e decidido, haverá alguma coisa que esteja fora de seu alcance?

– PANCHATANTRA

Ainda que muitas empresas afirmem trabalhar em função das prioridades do cliente, poucas se organizam de acordo com as necessidades de sua equipe de vendas. Porém, trata-se de dois elementos inevitavelmente vinculados.

Quando vender é o foco de toda a empresa e não apenas o departamento de vendas está envolvido na comercialização, os vendedores se saem melhor e os clientes ficam mais satisfeitos. Companhias de enorme sucesso – como Dell, UPS, Ritz-Carlton e IBM – não apenas criam organizações focadas nos clientes como também reforçam seu compromisso com a cultura de vendas.

Quais são os componentes de uma cultura focada nas vendas? Idealmente falando, toda empresa vende em três níveis diferentes. No alto escalão, os executivos definem com clareza a missão, a visão e os valores da empresa. Enquanto a missão da empresa especifica seu propósito mais nobre (vendendo significado), o enunciado de sua visão induz as pessoas a se empenharem em concretizar um futuro grandioso (vendendo inspiração). Já os valores da empresa proporcionam uma orientação sensata para seus relacionamentos (vendendo confiança).

Para que exista uma verdadeira cultura de vendas, o alto escalão precisa proporcionar continuamente significado, inspiração e confiança aos funcionários, clientes, fornecedores e acionistas da companhia. As pesquisas indicam que as empresas cujos funcionários compreendem a missão, a visão e os valores traçados por elas têm lucros 29% superiores aos das outras.

No nível intermediário, os departamentos de marketing e vendas emitem mensagens que estão em sintonia com a missão, a visão e os valores da empresa. Enquanto o marketing cria a promessa da marca, a divisão de vendas cumpre o prometido fazendo do relacionamento com os clientes uma experiência incomparável.

O segredo de uma cultura realmente centralizada nas vendas é conseguir que o trabalho dos departamentos de marketing e de vendas se complementem.

Nas ruas, os vendedores atuam como embaixadores bilíngues da companhia: eles falam a língua do cliente e a língua da empresa. Conseguem identificar os verdadeiros problemas e oferecer as soluções mais adequadas.

Em condições ideais, a facilidade de relacionamento da equipe de vendas dentro e fora da empresa faz uma ligação "à prova de concorrentes" entre esses dois mundos, abrangendo desde a recepção até a sala da diretoria.

Simplificando, os altos executivos dão o tom do que se pode esperar da postura de uma empresa, o marketing cativa o cliente e o setor de vendas utiliza as informações em seu poder para fechar negócios e transformar em cliente feliz o cliente em potencial.

Poucas são as empresas que conseguem manter a harmonia entre todos os seus setores. Isso requer uma diretoria esclarecida e equipes de marketing e de vendas altamente talentosas, capazes de criar uma cultura voltada para as vendas na qual o trabalho de cada membro da organização complementa o do outro. Falar é mais fácil do que fazer, mas os resultados valem a pena e podem ser milagrosos para o crescimento do lucro líquido e da empresa em si.

As pesquisas indicam que as empresas cujos funcionários compreendem a missão, a visão e os valores traçados por elas têm lucros 29% superiores aos das outras.

UMA LIÇÃO SOBRE COMO MELHORAR CADA VEZ MAIS

As ações de um homem são a melhor expressão de seus pensamentos.

– JOHN LOCKE

Recentemente a UPS recebeu, pela segunda vez consecutiva, o prestigioso prêmio American Business de Empresa Mais Inovadora do Ano. Certamente existem pouquíssimas empresas como ela – centenárias e avaliadas em dezenas de bilhões de dólares, mas sempre tentando melhorar dia após dia, como se houvessem iniciado suas atividades ontem. Segue-se uma relação das atitudes características da UPS, guiadas pela mentalidade especial que a leva a ser consistentemente inovadora e bem-sucedida.

1. **Use a insatisfação construtiva.** Michael Eskew, presidente da UPS, afirmou que sua empresa criou uma cultura que estimula a insatisfação construtiva. Isso não quer dizer que seus executivos tenham prazer em ser antipáticos, mas que eles adoram se vangloriar de como melhoraram algo antes que outros percebessem que aquilo podia ser feito de uma forma melhor.
2. **Aja como um desafiante e raciocine como um líder.** As pessoas que apenas "agem" como líderes correm o risco de se tornarem autocentradas e perder a vantagem competitiva. Por outro lado, um desafiante em geral se orienta por uma missão e mantém o foco em vencer a concorrência.

Num misto dos dois perfis, em horas de aperto, os altos executivos da UPS arregaçam as mangas e carregam peso, sem medo de sujar as mãos.

3. **Amplie suas opções de vendas e serviços.** Ano após ano, a UPS oferece uma série de novos serviços a seus clientes. O que é notável é que esses serviços extras sempre estão intimamente vinculados à atividade essencial da UPS. As empresas bem-sucedidas sabem que se afastar demais da própria essência faz com que percam o foco e ponham seus recursos em risco.
4. **Ofereça valor, não preço.** Embora existam muitos atalhos que permitem despachar encomendas a preços menores, a UPS está sempre criando novas formas de agregar mais valor, por meio de maior eficiência, confiabilidade, acesso a informações e cumprimento dos prazos, desde a coleta até a entrega.
5. **Esteja mais presente na empresa do cliente.** Quando a UPS expandiu suas atividades e passou a oferecer *e-commerce*, atendimento a cadeias de suprimento e serviços bancários, seus vendedores se fizeram mais presentes nas empresas dos clientes (principalmente junto aos gerentes), transformando-se em consultores de confiança cuja missão era aperfeiçoar a eficiência e a lucratividade dos clientes.
6. **Atualize a mensagem de sua marca.** Para acompanhar o ritmo das contínuas transformações em suas atividades, a UPS sincronizou sua mensagem de marketing com as necessidades de um mercado em constante mudança. O slogan de 1985 – "Nós operamos a empresa mais imbatível do ramo" – foi substituído em 1993 por "A empresa de entregas com a qual as empresas mais contam". Em 1995, a UPS mudou novamente seu lema, para "Movendo-se na

velocidade dos negócios" e, em 2002, adotou o slogan "O que o Brown pode fazer por você?", fazendo um trocadilho com a cor marrom de suas vans e o sobrenome Brown.

7. **Ofereça ao cliente a melhor experiência possível.** Independentemente de o cliente ter contato pessoal ou on-line com a UPS, ele pode esperar uma experiência personalizada, marcante e significativa. Pesquisas realizadas pela Gallup comprovam que as empresas que conseguem gerar grande envolvimento entre funcionários e clientes são quatro vezes mais lucrativas do que as empresas em que esse envolvimento é menor. Essa é uma das vantagens ocultas da UPS – ela proporciona 13,6 milhões de experiências positivas a cada dia.

Um desafiante em geral se orienta por uma missão e mantém o foco em vencer a concorrência.

VENDAS BASEADAS EM RETORNO SOBRE INVESTIMENTO

Há apenas duas décadas, os gerentes de vendas diziam aos vendedores: "As características justificam o preço, mas são as vantagens que justificam a compra."

Nos Estados Unidos pós-Ronald Reagan, os clientes começaram, antes de assinarem os contratos, a exigir dos vendedores mais do que uma longa relação de vantagens. Não demorou para que os gerentes adotassem o valor agregado como catalisador na motivação de compra do cliente. A nova ideia era falar em valor em vez de preço, e funcionou até que os produtos e os serviços ficaram tão complicados que as empresas tiveram que contratar consultores para traduzir para os clientes as propostas dos vendedores.

Durante a última recessão econômica, as pontes levadiças das fortalezas corporativas só foram baixadas para os vendedores que apresentavam um documento que incluía a sigla mágica RSI (retorno sobre investimento) no cabeçalho.

Os negócios baseados no RSI falam diretamente ao coração de diretores financeiros ávidos por números positivos e ao daqueles que fecham a compra, sempre preocupados em que a solução adotada seja realmente eficaz.

Seguem-se algumas das etapas das vendas baseadas no RSI.

1. **Entenda a maneira como seu cliente em potencial faz negócios.** Descubra como ele está ganhando dinheiro atualmente.

2. **Ajude seu cliente a aplicar os dados da própria empresa para justificar a aquisição de seu produto.** Ajude o cliente a elaborar a "ideia de valor" necessária para convencer a diretoria. Por exemplo: um profissional de vendas interessado em fechar um leasing de veículos para uma empresa pode ajudar seu diretor financeiro a comparar o custo por quilômetro dos veículos que está oferecendo ao daqueles de que a empresa já dispõe. Como argumento de vendas, ele poderá sugerir uma redução no custo por quilômetro rodado que, ao mesmo tempo, aumente a segurança.
3. **Destaque as razões certas para a compra.** Quando estiver lidando com a diretoria financeira, por exemplo, se concentre em destacar as vantagens econômicas da compra de seu produto ou serviço.
4. **Use sua perspicácia financeira para demonstrar ao cliente como se calcula o RSI.** Muitos compradores não têm tempo ou meios para calcular o RSI de maneira exata e objetiva. Os vendedores espertos calculam o custo de não comprar, comparando-o aos ganhos previstos com a concretização do negócio.
5. **Associe as características do seu produto ou serviço a resultados específicos e indique as vantagens objetivas e financeiras que sua proposta oferece.** As propostas concentradas no RSI frequentemente incluem um demonstrativo que documenta o valor em dinheiro referente a cada parte da solução sugerida.
6. **Calcule o futuro valor para os negócios do seu cliente.** Ajude o cliente a visualizar as mudanças no atual modelo da empresa e como ele poderá evoluir e se transformar em algo muito melhor, a partir da solução que você oferece.
7. **Elabore sua análise do RSI de acordo com o grau de interesse de seu interlocutor.** Use um resumo de uma pá-

gina quando for conversar com o presidente da empresa; reserve a análise mais detalhada para o diretor financeiro e comunique as vantagens do negócio ao usuário final.

A nova abordagem baseada no RSI exige um trabalho inicial maior, mas muitas vezes resulta num ciclo de negociação mais curto. E o melhor de tudo é que ela proporciona margens de lucro mais altas. E quem não gosta disso?

POR QUE AS VENDAS DIMINUEM QUANDO A EMPRESA CRESCE?

Desistir é o único fracasso possível. Não existe nenhuma derrota além da derrota interior e nenhuma barreira instransponível exceto a falta de propósito inerente ao ser humano.

– KIN HUBBARD

Todo negócio passa por ciclos evolutivos. Cada ciclo traz consigo um novo estilo de vender. Durante os primeiros anos de uma empresa, os vendedores experimentam o entusiasmo decorrente de sua aceitação pelo mercado.

Nesse momento, a equipe de vendas está altamente motivada porque tem plena consciência do potencial quase ilimitado do novo produto ou serviço. O cliente é o rei e o processo de vendas se baseia na arte da improvisação criativa. Não existe limite para as comissões. A companhia se adapta às mudanças que ocorrem no mercado à velocidade da luz e as decisões são frequentemente tomadas da noite para o dia. Em vez de pesquisa de mercado, instintos. Movida pela paixão, a empresa é tão ágil quanto um time de basquete. Os escritórios parecem (e, via de regra, são) pequenos, o mobiliário é geralmente de segunda mão e todo mundo trabalha noite adentro.

Conforme a empresa cresce, a necessidade de uma organização burocrática começa a surgir. A emoção não vem mais dos clientes entusiasmados, mas dos programas de incentivo. Gerentes de vendas passam a apostar no treinamento para chegar ao sucesso. Vendedores são obrigados a seguir um roteiro de negociação e instala-se um sistema de gestão das relações com os clientes. Aparecem novos concorrentes e torna-se necessário reduzir despesas para que a empresa continue crescendo. Começam os investimentos em pesquisa de mercado. Conforme mais departamentos são criados e mais chefes são contratados, as decisões passam a demorar mais e a burocracia começa a atrapalhar as novas iniciativas que visam ao crescimento. O departamento de vendas é redecorado e todos os gerentes trabalham horas a fio.

Quando o crescimento atinge certo estágio, a empresa abre seu capital. As opções de compra de ações animam os funcionários, mas, um ano depois, as ações perdem o brilho. A burocracia se solidifica e os altos executivos ficam estressados por terem que se dividir entre contentar os clientes e cortejar os investidores. O sistema de vendas é reestruturado, as metas têm seus patamares elevados, as comissões passam a ter um teto e surgem normas rígidas referentes a orçamentos e comunicações. As decisões demoram ainda mais e o departamento jurídico ganha mais influência. A equipe de vendas fica ansiosa por atingir novos recordes, mas as guerras de preço limitam o crescimento das vendas. Os executivos começam a falar da necessidade de equilíbrio entre trabalho e vida pessoal e aumenta o número de funcionários que vão embora pontualmente às seis da tarde.

À medida que a empresa atinge a maturidade, a paixão é substituída pela racionalidade. Após algumas rodadas de fusões, a companhia já não é mais líder de mercado. Manter os lucros estáveis ano após ano passa a ser considerado uma vitória. O medo silencioso de perder clientes importantes se infiltra no setor de vendas. A energia da equipe é solapada pela necessidade de uma estratégia defensiva, imposta por mais fusões e por concorrentes novos e destemidos. Ainda por cima, as regras mais rígidas diminuem o ritmo da empresa e as medidas estratégicas são diversas vezes prescritas por consultores externos. Contratar novos vendedores se torna cada vez mais difícil.

As dores do crescimento podem frequentemente desviar a atenção da empresa, deslocando-a do cliente para disputas internas, confusões e banalidades. Mas existem corporações consistentemente bem-sucedidas, que continuam crescendo, se adaptando e se transformando em sintonia com o mercado. Seus líderes sabem que a paixão sempre vence a racionalidade. Mas como manter a paixão viva, ano após ano? Mantendo os objetivos perfeitamente centralizados no que mais importa: deixar o cliente feliz.

Todo negócio passa por ciclos evolutivos. Cada ciclo traz consigo um novo estilo de vender.

TESOUROS ESCONDIDOS

Às vezes uma boa oportunidade de negócios está mais perto do que imaginamos. Vejamos o caso a seguir. Muitas empresas americanas estão atualmente explorando o mercado chinês, mas poucos executivos de marketing e vendas percebem as oportunidades que estão bem na frente do nariz de todos – o mercado constituído por cidadãos sino-americanos.

Para compreender a história cultural desse grupo, é preciso voltar à Corrida do Ouro de 1849, quando mais de 300 imigrantes chineses desembarcaram em São Francisco. Alguns encontraram enormes pepitas (que ultrapassavam 18 quilos) e nunca mais tiveram que se preocupar com dinheiro. As boas notícias logo se espalharam, e, ao longo dos quatro anos seguintes, mais de 20 mil pessoas partiram da China em busca do sonho americano.

Mark Twain chegou a descrever esses trabalhadores dedicados: "Um chinês desordeiro é uma raridade e um que seja preguiçoso é algo que não existe." As pesquisas atuais indicam que, comparativamente à população em geral, os sino-americanos são duas vezes mais propensos a abrir o próprio negócio. Estima-se que as empresas administradas por eles gerem uma receita superior a 200 bilhões de dólares por ano. Um dos primeiros negócios sino-americanos foi um restaurante chinês inaugurado em São Francisco em 1849. Hoje em dia, há três vezes mais restaurantes chineses nos Estados Unidos que franquias do McDonald's.

O mercado formado por sino-americanos é o que apresenta a maior taxa de crescimento demográfico, os maiores níveis de escolaridade e a mais alta renda familiar entre todas as etnias dos Estados Unidos. Mais de 2,5 milhões de sino-americanos totalizam um poder aquisitivo que supera a casa dos 300 bilhões de dólares.

Os sino-americanos passam mais tempo na internet e fazem mais compras on-line do que o americano médio. São compradores sensíveis ao preço e conscientes em termos de marca. Segundo a Simmons Research, os equipamentos eletrônicos se situam no topo de suas listas de compras.

Quanto aos meios de comunicação, de acordo com a agência publicitária Kang & Lee Advertising, sediada em Nova York, esse crescente mercado é visado por mais de 500 veículos em idiomas asiáticos. O Chinasite.com menciona duas estações de rádio em chinês, uma em São Francisco e outra em Nova York. Há ainda uma infinidade de transmissões de rádio e TV, via satélite ou a cabo.

Uma vez que mais de 80% dos sino-americanos falam chinês em casa, os marqueteiros mais bem informados se beneficiam desse fato. O *New York Times*, por exemplo, criou uma mala direta com texto em chinês e em inglês e montou um *call center* com chamada gratuita em que os atendentes falam mandarim e cantonês. Sensível às sutilezas dessa cultura, o *Times* chegou a mudar a cor de suas máquinas de venda instaladas em Chinatown, do tradicional azul para o vermelho, culturalmente mais aceito. Há até mesmo orientações de marketing em relação aos algarismos – é importante evitar o 4, cuja pronúncia é parecida com a palavra "morte" (*sie*); o 8 sugere riqueza; e a sequência 888 é vista como símbolo de crescimento e prosperidade.

Mas o marketing culturalmente sensível é apenas parte do segredo do sucesso. As empresas também precisam adaptar suas apresentações de vendas, adequando-as às necessidades do mercado. A seguradora New York Life, por exemplo, tem uma divisão de marketing cultural que orienta e treina os corretores que atuam nesse mercado. O treinamento inclui sessões sobre planejamento e subscrição de apólices ministradas em mandarim e cantonês. A New York Life sabe que a melhor maneira de conquistar um cliente é falando a língua deles – em todos os aspectos.

O marketing culturalmente sensível é apenas parte do segredo do sucesso. As empresas também precisam adaptar suas apresentações de vendas, adequando-as às necessidades do mercado.

SUA EQUIPE DE VENDAS PODERIA SER MAIS EFICIENTE?

O trabalhador eficiente de fato não atravanca seu dia com trabalho, mas executa lentamente a tarefa, envolto num halo de calma e despreocupação.

– HENRY DAVID THOREAU

"Eficiência é fazer as coisas do jeito certo e efetividade é fazer as coisas certas", afirma Peter Drucker. Querendo entender mais sobre a questão da eficiência, a *Selling Power* empreendeu uma pesquisa com 445 altos executivos de vendas. Queríamos conhecer melhor os desafios mais importantes e difíceis enfrentados pelos gerentes de vendas em 31 diferentes ramos de atividades. Entre as 41 perguntas que fizemos, quatro temas merecem atenção especial.

1. **Recrutamento e seleção:** 57,7% dos entrevistados disseram que, naquele momento, não contavam com as pessoas certas nos postos-chave de suas organizações de vendas. À medida que a atividade econômica aumenta, cresce o desafio de encontrar perfis ideais capazes de levar a empresa a um sucesso ainda maior.
2. **Aumento das vendas sem sacrifício das contas já conquistadas:** 45% dos executivos consideravam um desafio equilibrar a conquista de novas contas com o atendimento às antigas. Há quem tente resolver o problema dividindo a equipe de vendas (37%); outros oferecem incentivos à

aquisição de novas contas (72%). Embora todo mundo deseje crescer mantendo os lucros, muitas organizações de vendas constatam que metas de crescimento ambiciosas demais frequentemente inflacionam o custo das vendas e levam à perda de clientes antigos.

3. **Processo de vendas:** 64% das organizações pesquisadas seguem um processo de vendas padronizado, mas apenas 53% das empresas recorrem à gestão das relações com os clientes para captar informações vitais sobre eles. No que se refere a reproduzir as melhores práticas dos grandes vendedores, apenas 46% das empresas estão satisfeitas com os resultados. A maioria dos líderes admite que um processo de vendas eficiente é decisivo na conquista de mais vendas; no entanto, poucos especialistas concordam quanto à maneira como isso pode ser feito.
4. **Percepções da clientela:** 58% dos entrevistados dizem que seu material de marketing é desenvolvido de modo a ajudar os vendedores a vender, enquanto 56% deles afirmam que seu material é destinado a incentivar os clientes a comprar. Em apenas 43% das empresas pesquisadas o pessoal de marketing fazia prospecção de clientes juntamente com os vendedores. Embora as percepções do pessoal de marketing sejam facilmente disseminadas pela empresa, chegando aos vendedores, as percepções da clientela raramente fazem o caminho inverso e quase nunca exercem qualquer influência sobre as futuras estratégias de marketing e vendas.

"Eficiência é fazer as coisas
do jeito certo e efetividade
é fazer as coisas certas."

MOMENTOS SIGNIFICATIVOS NO COMANDO DE UMA EQUIPE

Você não pode ser um líder e pedir que o sigam se não souber seguir os outros também.

– SAM RAYBURN

É cada vez maior o número de gerentes que, em busca da redução do custo das vendas, são obrigados a supervisionar 12 ou mais vendedores. Com mais gente sob seu comando, o gerente precisa se mostrar mais produtivo e motivador e ter palavras significativas a oferecer aos seus vendedores. Mas como aproveitar ao máximo cada momento junto à sua equipe de vendas? Seguem-se algumas sugestões proveitosas.

1. **Sintonize-se com a pessoa.** Concentre-se no que você consegue ver, ouvir e sentir. Observe a linguagem corporal. O vendedor mantém os olhos baixos? Cruza os braços? A voz dele está modulada, áspera ou agradável? Ele fala depressa ou devagar? O volume de voz é mais elevado do que o normal? Como você se sente ao dialogar com ele?
2. **Teça um casulo de concentração.** Isso permitirá que você veja e escute tudo de maneira nítida e clara. Preste atenção ao tom emocional do que é dito. Você consegue notar sinais de raiva, frustração ou aborrecimento?
3. **Assuma uma postura profissional, confiante e amistosa.** Se o vendedor perceber que você está preocupado,

distraído ou introspectivo, é provável que o diálogo seja improdutivo tanto para você quanto para ele.

4. **Permita que o vendedor fale com liberdade e franqueza.** Diga simplesmente "Como vão as coisas?". Feito isso, fique em silêncio e ouça, demonstrando atenção e interesse. Acene de vez em quando com a cabeça para ajudar o vendedor a verbalizar seus problemas sem hesitação.
5. **Ajude a diferenciar fatos de ficção.** Os vendedores ocasionalmente partem de conclusões erradas quando se queixam de uma situação. Peça detalhes para poder identificar os fatos e ajude-os a rever objetivamente a situação.
6. **Ofereça palavras reconfortantes.** Se o vendedor estiver perturbado em função de algum atrito com um cliente, evite se lançar numa avalanche de explicações lógicas e se abstenha de fazer observações como "Você deveria ter feito isso ou aquilo". Preste atenção ao que o vendedor está sentindo. Um tom de voz reconfortante e manifestações de empatia terão muito mais efeito do que uma análise elaborada da situação.
7. **Seja um porto seguro durante as tempestades.** Depois que o vendedor se acalmar, você poderá comentar os aspectos lógicos da questão. Mantenha a calma, mesmo que o vendedor esteja agitado.
8. **Peça que o vendedor colabore para a solução.** Entregar a solução de bandeja nunca é a melhor opção. Pergunte ao vendedor "Por que você acha que o cliente reagiu dessa forma?" ou "O que você faria de maneira diferente, se tivesse que tentar mais uma vez?". Faça perguntas e inclua o vendedor na busca da solução, em vez de entregá-la facilmente. Você pode dizer: "Vamos raciocinar juntos e ver o que conseguimos." Concluído o processo, o vendedor se sentirá gratificado.

9. **Compartilhe as soluções e o crédito por elas.** Uma vez resolvido o problema do vendedor, agradeça a ele por confiar em você e por colaborar na busca da solução. Um diálogo significativo reduz a inquietação, facilita o aprendizado e recupera a autoconfiança do vendedor, fator indispensável para que ele continue produtivo.
10. **Seja firme quando necessário.** De nada adiantará ser amigável e compreensivo se o vendedor não souber respeitar os limites. O seu trabalho é lembrar à equipe que existem regras e que você quer que elas sejam cumpridas. Às vezes, só é possível gerenciar com eficiência depois que os papéis de cada um ficam claros.

O QUE VOCÊ PODE MELHORAR?

Ficamos inquietos com as mudanças incessantes, mas ficaríamos assustados se as mudanças parassem.

– LYMAN LLOYD BRYSON

Uma das qualidades mais importantes de um gerente de vendas é a capacidade de pensar. Não apenas de pensar e raciocinar, mas também de decidir conscientemente o que será levado em conta ou ignorado. Seguem-se alguns temas fundamentais a serem avaliados.

1. **Estratégia.** Quando a economia apresenta sinais de reaquecimento, os gerentes precavidos começam a avaliar escolhas estratégicas entre inovação e aperfeiçoamento. Enquanto a inovação depende de investimentos em novas ideias que implicam riscos, o aperfeiçoamento exige iniciativas de longo prazo destinadas a melhorar cada processo, visando a obter ganhos pequenos mas constantes. Nem sempre inovar significa aprimorar. Mesmo as inovações bem-sucedidas podem não se traduzir num modelo de negócios sustentável. O estouro da bolha da internet mostrou que a inovação às vezes se revela uma estrela cadente de brilho passageiro, ao passo que o aperfeiçoamento é uma luz que nunca se apaga.
2. **Gente.** Os bons gerentes de vendas pensam constantemente nas pessoas que são mais importantes para eles: os clientes e os vendedores. Os gerentes medíocres tendem

a pensar mais sobre como eliminar os pontos fracos das pessoas; os gerentes de verdade pensam na melhor maneira de aproveitar as qualidades individuais de cada membro da equipe. À medida que as pessoas progridem nas áreas em que são realmente boas, seus pontos fracos são superados. Os gerentes eficientes são garimpeiros de qualidades e construtores de potencial. Eles levam a empresa a crescer baseando-se na força de seus produtos e serviços essenciais.

3. **Aprendizado.** Os gerentes medíocres têm o hábito de classificar novas experiências em "pastas mentais" predeterminadas, sem examinar o que elas podem acrescentar a seu próprio conhecimento. Sua forma de pensar impede o aprendizado. Bons gerentes tendem a avaliar objetivamente a realidade e a aproveitar cada experiência significativa. A diferença entre esses dois tipos de gerentes está nas atitudes e nas opiniões. Os bons gerentes acreditam que cada acontecimento tem algo a acrescentar a seus conhecimentos, percepções e sabedoria.
4. **Mudança.** Os bons gerentes sabem a hora de fazer mudanças e não se prendem àquilo que não pode ser mudado. Reconhecem logo quando é preciso mudar, comunicam convincentemente essa necessidade e ressaltam as vantagens de se concluir rapidamente o processo. E o mais importante: os verdadeiros líderes sempre propõem um procedimento a ser seguido durante a mudança; eles reconhecem as dificuldades relativas ao processo e mostram com eficiência as consequências de não mudar. Os grandes líderes sabem que o segredo da vitória está em se adaptar.
5. **Você mesmo.** Os gerentes bem-sucedidos não têm medo de desafiar a si mesmos visando o crescimento. Estão sempre reavaliando seus raciocínios, ações e comportamentos,

de olho no que pode ser melhorado. Fazem a si mesmos perguntas como "Eu construo pontes e derrubo muros para unir as pessoas?", "Coloco integridade acima de rendimento?", "Incentivo os outros a falarem sobre questões e não sobre pessoas?", "Gosto de elogios, mas mantenho um distanciamento razoável?", "Busco o equilíbrio na vida?" e "Incentivo os outros a fazerem o mesmo?". Os gerentes de vendas eficientes assumem a responsabilidade por seu aperfeiçoamento constante. Eles sabem que o crescimento contínuo é o alicerce de novos raciocínios e ideias que poderão levar suas equipes a conquistas ainda maiores.

GANHOS DE PRODUTIVIDADE

Aquele que não experimenta novos remédios pode esperar novos males.

– FRANCIS BACON

É o presidente quem estabelece o que se espera do sucesso de uma empresa. Aperfeiçoando essa visão por meio de suas próprias táticas, os gerentes de vendas concretizam a diretriz do presidente de uma forma positiva, produtiva e lucrativa. Seguem-se quatro estratégias essenciais a serem seguidas pelo gerente que quiser aumentar ainda mais suas vendas.

1. **Aperfeiçoe o processo de vendas.** O processo de vendas é o roteiro traçado pelo gerente para ajudar os vendedores a transformar indicações em vendas. Infelizmente, muitos gerentes se preocupam tanto em acompanhar o que está acontecendo que têm pouco tempo para avaliar as atividades que geram resultados. Sempre é possível melhorar a produtividade. Observe o investimento de tempo e dinheiro feito nos procedimentos e no fluxo de trabalho atuais e compare-o aos ganhos obtidos. O objetivo é melhorar as operações – fazer as coisas melhor, mais rápido e com menor custo.
2. **Aumente a colaboração entre marketing e vendas.** Muitas empresas desenvolvem separadamente suas estratégias de marketing e vendas. Dessa forma, o marketing às vezes

produz materiais de vendas que não levam em consideração o modo como os vendedores vendem e os clientes compram. É surpreendente que muitos executivos não levem em conta a importância do marketing nas vendas e pouco façam para sincronizar esses departamentos, o que permitiria atender melhor a todos os clientes e manter a empresa competitiva no mercado. Quando marketing e vendas colaboram de modo criativo e construtivo, o resultado se vê no aumento dos lucros.

3. **Insista na qualidade das informações sobre os clientes.** Um dos maiores obstáculos à produtividade da equipe de vendas é o fato de a gestão de relacionamento com clientes ainda ser pouco usada. Embora vender exija traços de personalidade relativos apenas a pessoas, a gestão de relacionamento depende de um conjunto diferente de características: traduzir diálogos em dados objetivos e usá-los para alimentar um sistema. Em muitas empresas, os vendedores ainda tomam notas em blocos de papel, em vez de digitá-las em seus computadores. Muitos gerentes de vendas não "cobram" relatórios de prospecção que os vendedores deixaram de apresentar. Mas há empresas que não reembolsam as despesas de viagem enquanto os relatórios não são inseridos em seus bancos de dados. Os melhores líderes de vendas dão o exemplo, pautando-se no comportamento produtivo que esperam de cada membro da equipe.

4. **Potencialize as características pessoais.** Os gerentes de vendas acreditam que a base de um bom relacionamento com o cliente é a personalidade do vendedor. A pergunta relevante a fazer a partir desse pensamento é: "Como podemos desenvolver os talentos pessoais para aumentar a produtividade?" Procure sempre novas maneiras de medir

o capital pessoal de sua equipe e de ajudá-la a descobrir novos talentos. Aprenda a fortalecer suas próprias habilidades e a potencializar as melhores características de seus vendedores, e seu sucesso será ainda maior.

Os melhores líderes de vendas dão o exemplo, pautando-se no comportamento produtivo que esperam de cada membro da equipe.

PLANO DE AÇÃO PARA O SUCESSO

Minhas metas para:

A próxima semana:____________________

O próximo mês: ____________________

O próximo trimestre: ____________________

Este ano: ____________________

Minhas fontes de motivação:

Livros a ler: ______________________________

____

____

____

Áudios a ouvir: ______________________________

____

____

____

Seminários a assistir: ______________________________

____

____

____

Atitudes a desenvolver: ______________________________

____

____

____

Meu plano de autoaperfeiçoamento:

Exercícios: ______________________________________

____

____

Acuidade mental: _________________________________

____

____

Vantagem competitiva: ____________________________

____

____

Crescimento profissional: _________________________

____

____

Investimento financeiro: __________________________

____

____

Meu plano de administração do tempo:

Para conseguir fazer mais: ______________________________

____

____

Para organizar o tempo que passo trabalhando: ____________

____

____

Para passar mais tempo com a família e os amigos: _________

____

____

Para trabalhar em prol da comunidade: __________________

____

____

Para reduzir o estresse: _____________________________

____

____

INFORMAÇÕES SOBRE OS PRÓXIMOS LANÇAMENTOS

Para receber informações sobre os lançamentos da EDITORA SEXTANTE, basta cadastrar-se diretamente no site www.sextante.com.br

Para saber mais sobre nossos títulos e autores, e enviar seus comentários sobre este livro, visite o nosso site www.sextante.com.br ou mande um e-mail para atendimento@esextante.com.br

EDITORA SEXTANTE
Rua Voluntários da Pátria, 45 / 1.404 – Botafogo
Rio de Janeiro – RJ – 22270-000 – Brasil
Telefone: (21) 2538-4100 – Fax: (21) 2286-9244
E-mail: atendimento@esextante.com.br